U0963493

中华人民共和国
退役军人保障法
释　义

中华人民共和国
退役军人保障法
释　义

孙绍骋　主编

中国民主法制出版社

图书在版编目（CIP）数据

《中华人民共和国退役军人保障法》释义／孙绍骋主编．—北京：中国民主法制出版社，2020.11

ISBN 978-7-5162-2307-9

Ⅰ．①中…　Ⅱ．①孙…　Ⅲ．①退役军人保障法—法律解释—中国　Ⅳ．①D922.505

中国版本图书馆 CIP 数据核字（2020）第 218022 号

图书出品人：刘海涛
出 版 统 筹：乔先彪
责 任 编 辑：陈　曦　贾萌萌
图 书 策 划：刘　卫

书　　名／《中华人民共和国退役军人保障法》释义
作　　者／孙绍骋　主编

出版·发行／中国民主法制出版社
地址／北京市丰台区右安门外玉林里 7 号（100069）
电话／010－57258080　57514499（系统发行）　63292520（编辑室）
传真／010－84815841
http：//www.npcpub.com
E-mail：mzfz@npcpub.com
经销／新华书店
开本／16 开　710 毫米×1000 毫米
印张／16　**字数**／214 千字
版本／2020 年 12 月第 1 版　2020 年 12 月第 1 次印刷
印刷／北京飞帆印刷有限公司

书号／ISBN 978-7-5162-2307-9
定价／58.00 元

本书编委会

参加编写人员（以姓氏笔画为序）

马如雄	王　云	王　玥	王俊维	王　涛
王　辉	卞　源	史　艺	代　烽	冯歆然
冯　赟	母光栋	吕　翔	朱文杰	朱　江
朱佳慧	朱　涛	刘　彩	刘　斌	齐　琪
杨　帆	杨建刚	杨超杰	杨　锋	李玉玲
李　敏	吴军锋	何　昕	汪鸿兴	宋功祥
张　伟	张　柏	张　挺	张思竹	张　莉
张莹莹	张　罡	张　瑾	陈克伟	陈　昆
邵　琳	林晶晶	周传航	周　迪	周　腾
郑全红	赵　光	赵宝柱	赵俊武	郝江超
胡峄辰	段照明	姚文杰	秦政博	袁　炯
徐泽文	徐　曼	徐潇枫	黄　兰	常宝周
董力男	董　瑞	焦永民	蔡家勇	魏　鑫

前　言

2020年11月11日，十三届全国人大常委会第二十三次会议审议通过了《中华人民共和国退役军人保障法》，国家主席习近平签署第六十三号主席令予以公布。退役军人保障法自2021年1月1日起施行。制定退役军人保障法，是贯彻落实习近平强军思想，推进国防和军队建设的必然要求，是贯彻落实党中央决策部署，推进退役军人工作治理体系和治理能力现代化的重要举措，是推进全面依法治国，系统构建退役军人保障制度体系的有力支撑，是适应党和国家机构改革，加强退役军人服务保障工作的客观需要。退役军人保障法的颁布实施，充分体现了党和国家对退役军人的亲切关怀，对做好新时代退役军人保障工作，更好维护退役军人合法权益，让军人成为全社会尊崇的职业，推进强军兴军事业具有十分重要的意义。

为配合退役军人保障法的学习和宣传工作，帮助广大读者准确理解立法原意和法律规定，推动法律顺利实施，全国人大常委会法制工作委员会、司法部、退役军人事务部、中央军委法制局、中央军委政治工作部组织参与立法工作的有关同志编写了《〈中华人民共和国退役军人保障法〉释义》，供大家学习参考。本书力求简明扼要，通俗易懂，准确反映退役军人保障法的立法原意，但由于时间和水平有限，不妥和疏漏之处在所难免，敬请广大读者批评指正。

编　者

2020年12月

目　录

第三部分 附 录

中华人民共和国主席令

第六十三号

《中华人民共和国退役军人保障法》已由中华人民共和国第十三届全国人民代表大会常务委员会第二十三次会议于2020年11月11日通过，现予公布，自2021年1月1日起施行。

中华人民共和国主席　习近平

2020年11月11日

中华人民共和国退役军人保障法

（2020 年 11 月 11 日第十三届全国人民代表大会常务委员会第二十三次会议通过）

目　　录

第一章　总　　则

第一条　为了加强退役军人保障工作，维护退役军人合法权益，让军人成为全社会尊崇的职业，根据宪法，制定本法。

第二条　本法所称退役军人，是指从中国人民解放军依法退出现役的军官、军士和义务兵等人员。

第三条　退役军人为国防和军队建设做出了重要贡献，是社会主义现代化建设的重要力量。

尊重、关爱退役军人是全社会的共同责任。国家关心、优待退役军人，加强退役军人保障体系建设，保障退役军人依法享有相应的权益。

第四条 退役军人保障工作坚持中国共产党的领导，坚持为经济社会发展服务、为国防和军队建设服务的方针，遵循以人为本、分类保障、服务优先、依法管理的原则。

第五条 退役军人保障应当与经济发展相协调，与社会进步相适应。

退役军人安置工作应当公开、公平、公正。

退役军人的政治、生活等待遇与其服现役期间所做贡献挂钩。

国家建立参战退役军人特别优待机制。

第六条 退役军人应当继续发扬人民军队优良传统，模范遵守宪法和法律法规，保守军事秘密，践行社会主义核心价值观，积极参加社会主义现代化建设。

第七条 国务院退役军人工作主管部门负责全国的退役军人保障工作。县级以上地方人民政府退役军人工作主管部门负责本行政区域的退役军人保障工作。

中央和国家有关机关、中央军事委员会有关部门、地方各级有关机关应当在各自职责范围内做好退役军人保障工作。

军队各级负责退役军人有关工作的部门与县级以上人民政府退役军人工作主管部门应当密切配合，做好退役军人保障工作。

第八条 国家加强退役军人保障工作信息化建设，为退役军人建档立卡，实现有关部门之间信息共享，为提高退役军人保障能力提供支持。

国务院退役军人工作主管部门应当与中央和国家有关机关、中央军事委员会有关部门密切配合，统筹做好信息数据系统的建设、维护、应用和信息安全管理等工作。

第九条 退役军人保障工作所需经费由中央和地方财政共同负担。退役安置、教育培训、抚恤优待资金主要由中央财政负担。

第十条 国家鼓励和引导企业、社会组织、个人等社会力量依法通过捐赠、设立基金、志愿服务等方式为退役军人提供支持和帮助。

第十一条 对在退役军人保障工作中做出突出贡献的单位和个人，按照国家有关规定给予表彰、奖励。

第二章 移交接收

第十二条 国务院退役军人工作主管部门、中央军事委员会政治工作部门、中央和国家有关机关应当制定全国退役军人的年度移交接收计划。

第十三条 退役军人原所在部队应当将退役军人移交安置地人民政府退役军人工作主管部门，安置地人民政府退役军人工作主管部门负责接收退役军人。

退役军人的安置地，按照国家有关规定确定。

第十四条 退役军人应当在规定时间内，持军队出具的退役证明到安置地人民政府退役军人工作主管部门报到。

第十五条 安置地人民政府退役军人工作主管部门在接收退役军人时，向退役军人发放退役军人优待证。

退役军人优待证全国统一制发、统一编号，管理使用办法由国务院退役军人工作主管部门会同有关部门制定。

第十六条 军人所在部队在军人退役时，应当及时将其人事档案移交安置地人民政府退役军人工作主管部门。

安置地人民政府退役军人工作主管部门应当按照国家人事档案管理有关规定，接收、保管并向有关单位移交退役军人人事档案。

第十七条 安置地人民政府公安机关应当按照国家有关规定，及时为退役军人办理户口登记，同级退役军人工作主管部门应当予以协助。

第十八条 退役军人原所在部队应当按照有关法律法规规定，及时将退役军人及随军未就业配偶的养老、医疗等社会保险关系和相应资金，转入安置地社会保险经办机构。

安置地人民政府退役军人工作主管部门应当与社会保险经办机构、军队有关部门密切配合，依法做好有关社会保险关系和相应资金转移接续工作。

第十九条 退役军人移交接收过程中，发生与其服现役有关的问题，由原所在部队负责处理；发生与其安置有关的问题，由安置地人民政府负责处理；发生其他移交接收方面问题的，由安置地人民政府负责处理，原所在部队予以配合。

退役军人原所在部队撤销或者转隶、合并的，由原所在部队的上级单位或者转隶、合并后的单位按照前款规定处理。

第三章 退役安置

第二十条 地方各级人民政府应当按照移交接收计划，做好退役军人安置工作，完成退役军人安置任务。

机关、群团组织、企业事业单位和社会组织应当依法接收安置退役军人，退役军人应当接受安置。

第二十一条 对退役的军官，国家采取退休、转业、逐月领取退役金、复员等方式妥善安置。

以退休方式移交人民政府安置的，由安置地人民政府按照国家保障与社会化服务相结合的方式，做好服务管理工作，保障其待遇。

以转业方式安置的，由安置地人民政府根据其德才条件以及服现役期间的职务、等级、所做贡献、专长等和工作需要安排工作岗位，确定相应的职务职级。

服现役满规定年限，以逐月领取退役金方式安置的，按照国家有关规定逐月领取退役金。

以复员方式安置的，按照国家有关规定领取复员费。

第二十二条 对退役的军士，国家采取逐月领取退役金、自主就业、安排工作、退休、供养等方式妥善安置。

服现役满规定年限，以逐月领取退役金方式安置的，按照国家有关规定逐月领取退役金。

服现役不满规定年限，以自主就业方式安置的，领取一次性退役金。

以安排工作方式安置的，由安置地人民政府根据其服现役期间所做贡献、专长等安排工作岗位。

以退休方式安置的，由安置地人民政府按照国家保障与社会化服务相结合的方式，做好服务管理工作，保障其待遇。

以供养方式安置的，由国家供养终身。

第二十三条 对退役的义务兵，国家采取自主就业、安排工作、供养等方式妥善安置。

以自主就业方式安置的，领取一次性退役金。

以安排工作方式安置的，由安置地人民政府根据其服现役期间所做贡献、专长等安排工作岗位。

以供养方式安置的，由国家供养终身。

第二十四条 退休、转业、逐月领取退役金、复员、自主就业、安排工作、供养等安置方式的适用条件，按照相关法律法规执行。

第二十五条 转业军官、安排工作的军士和义务兵，由机关、群团组织、事业单位和国有企业接收安置。对下列退役军人，优先安置：

（一）参战退役军人；

（二）担任作战部队师、旅、团、营级单位主官的转业军官；

（三）属于烈士子女、功臣模范的退役军人；

（四）长期在艰苦边远地区或者特殊岗位服现役的退役军人。

第二十六条 机关、群团组织、事业单位接收安置转业军官、安排工作的军士和义务兵的，应当按照国家有关规定给予编制保障。

国有企业接收安置转业军官、安排工作的军士和义务兵的，应当按照国家规定与其签订劳动合同，保障相应待遇。

前两款规定的用人单位依法裁减人员时，应当优先留用接收安置的转业和安排工作的退役军人。

第二十七条 以逐月领取退役金方式安置的退役军官和军士，被录用为公务员或者聘用为事业单位工作人员的，自被录用、聘用下月起停发退役金，其待遇按照公务员、事业单位工作人员管理相关法律法规执行。

第二十八条 国家建立伤病残退役军人指令性移交安置、收治休养制度。军队有关部门应当及时将伤病残退役军人移交安置地人民政府安置。安置地人民政府应当妥善解决伤病残退役军人的住房、医疗、康复、护理和生活困难。

第二十九条 各级人民政府加强拥军优属工作，为军人和家属排忧解难。

符合条件的军官和军士退出现役时，其配偶和子女可以按照国家有关规定随调随迁。

随调配偶在机关或者事业单位工作，符合有关法律法规规定的，安置地人民政府负责安排到相应的工作单位；随调配偶在其他单位工作或者无工作单位的，安置地人民政府应当提供就业指导，协助实现就业。

随迁子女需要转学、入学的，安置地人民政府教育行政部门应当予以及时办理。对下列退役军人的随迁子女，优先保障：

（一）参战退役军人；

（二）属于烈士子女、功臣模范的退役军人；

（三）长期在艰苦边远地区或者特殊岗位服现役的退役军人；

（四）其他符合条件的退役军人。

第三十条　军人退役安置的具体办法由国务院、中央军事委员会制定。

第四章　教育培训

第三十一条　退役军人的教育培训应当以提高就业质量为导向，紧密围绕社会需求，为退役军人提供有特色、精细化、针对性强的培训服务。

国家采取措施加强对退役军人的教育培训，帮助退役军人完善知识结构，提高思想政治水平、职业技能水平和综合职业素养，提升就业创业能力。

第三十二条　国家建立学历教育和职业技能培训并行并举的退役军人教育培训体系，建立退役军人教育培训协调机制，统筹规划退役军人教育培训工作。

第三十三条　军人退役前，所在部队在保证完成军事任务的前提下，可以根据部队特点和条件提供职业技能储备培训，组织参加高等教育自学考试和各类高等学校举办的高等学历继续教育，以及知识拓展、技能培训等非学历继续教育。

部队所在地县级以上地方人民政府退役军人工作主管部门应当为现役军人所在部队开展教育培训提供支持和协助。

第三十四条　退役军人在接受学历教育时，按照国家有关规定享受学费和助学金资助等国家教育资助政策。

高等学校根据国家统筹安排，可以通过单列计划、单独招生等方式招考退役军人。

第三十五条　现役军人入伍前已被普通高等学校录取或者是正在普通高等学校就学的学生，服现役期间保留入学资格或者学籍，退役后两年内允许入学或者复学，可以按照国家有关规定转入本校其他专业学习。达到报考研究生条件的，按照国家有关规定享受优惠政策。

第三十六条 国家依托和支持普通高等学校、职业院校（含技工院校）、专业培训机构等教育资源，为退役军人提供职业技能培训。退役军人未达到法定退休年龄需要就业创业的，可以享受职业技能培训补贴等相应扶持政策。

军人退出现役，安置地人民政府应当根据就业需求组织其免费参加职业教育、技能培训，经考试考核合格的，发给相应的学历证书、职业资格证书或者职业技能等级证书并推荐就业。

第三十七条 省级人民政府退役军人工作主管部门会同有关部门加强动态管理，定期对为退役军人提供职业技能培训的普通高等学校、职业院校（含技工院校）、专业培训机构的培训质量进行检查和考核，提高职业技能培训质量和水平。

第五章 就业创业

第三十八条 国家采取政府推动、市场引导、社会支持相结合的方式，鼓励和扶持退役军人就业创业。

第三十九条 各级人民政府应当加强对退役军人就业创业的指导和服务。

县级以上地方人民政府退役军人工作主管部门应当加强对退役军人就业创业的宣传、组织、协调等工作，会同有关部门采取退役军人专场招聘会等形式，开展就业推荐、职业指导，帮助退役军人就业。

第四十条 服现役期间因战、因公、因病致残被评定残疾等级和退役后补评或者重新评定残疾等级的残疾退役军人，有劳动能力和就业意愿的，优先享受国家规定的残疾人就业优惠政策。

第四十一条 公共人力资源服务机构应当免费为退役军人提供职业介绍、创业指导等服务。

国家鼓励经营性人力资源服务机构和社会组织为退役军人就业创

业提供免费或者优惠服务。

退役军人未能及时就业的，在人力资源和社会保障部门办理求职登记后，可以按照规定享受失业保险待遇。

第四十二条　机关、群团组织、事业单位和国有企业在招录或者招聘人员时，对退役军人的年龄和学历条件可以适当放宽，同等条件下优先招录、招聘退役军人。退役的军士和义务兵服现役经历视为基层工作经历。

退役的军士和义务兵入伍前是机关、群团组织、事业单位或者国有企业人员的，退役后可以选择复职复工。

第四十三条　各地应当设置一定数量的基层公务员职位，面向服现役满五年的高校毕业生退役军人招考。

服现役满五年的高校毕业生退役军人可以报考面向服务基层项目人员定向考录的职位，同服务基层项目人员共享公务员定向考录计划。

各地应当注重从优秀退役军人中选聘党的基层组织、社区和村专职工作人员。

军队文职人员岗位、国防教育机构岗位等，应当优先选用符合条件的退役军人。

国家鼓励退役军人参加稳边固边等边疆建设工作。

第四十四条　退役军人服现役年限计算为工龄，退役后与所在单位工作年限累计计算。

第四十五条　县级以上地方人民政府投资建设或者与社会共建的创业孵化基地和创业园区，应当优先为退役军人创业提供服务。有条件的地区可以建立退役军人创业孵化基地和创业园区，为退役军人提供经营场地、投资融资等方面的优惠服务。

第四十六条　退役军人创办小微企业，可以按照国家有关规定申请创业担保贷款，并享受贷款贴息等融资优惠政策。

退役军人从事个体经营，依法享受税收优惠政策。

第四十七条 用人单位招用退役军人符合国家规定的，依法享受税收优惠等政策。

第六章 抚恤优待

第四十八条 各级人民政府应当坚持普惠与优待叠加的原则，在保障退役军人享受普惠性政策和公共服务基础上，结合服现役期间所做贡献和各地实际情况给予优待。

对参战退役军人，应当提高优待标准。

第四十九条 国家逐步消除退役军人抚恤优待制度城乡差异、缩小地区差异，建立统筹平衡的抚恤优待量化标准体系。

第五十条 退役军人依法参加养老、医疗、工伤、失业、生育等社会保险，并享受相应待遇。

退役军人服现役年限与入伍前、退役后参加职工基本养老保险、职工基本医疗保险、失业保险的缴费年限依法合并计算。

第五十一条 退役军人符合安置住房优待条件的，实行市场购买与军地集中统建相结合，由安置地人民政府统筹规划、科学实施。

第五十二条 军队医疗机构、公立医疗机构应当为退役军人就医提供优待服务，并对参战退役军人、残疾退役军人给予优惠。

第五十三条 退役军人凭退役军人优待证等有效证件享受公共交通、文化和旅游等优待，具体办法由省级人民政府制定。

第五十四条 县级以上人民政府加强优抚医院、光荣院建设，充分利用现有医疗和养老服务资源，收治或者集中供养孤老、生活不能自理的退役军人。

各类社会福利机构应当优先接收老年退役军人和残疾退役军人。

第五十五条 国家建立退役军人帮扶援助机制，在养老、医疗、住房等方面，对生活困难的退役军人按照国家有关规定给予帮扶援助。

第五十六条 残疾退役军人依法享受抚恤。

残疾退役军人按照残疾等级享受残疾抚恤金，标准由国务院退役军人工作主管部门会同国务院财政部门综合考虑国家经济社会发展水平、消费物价水平、全国城镇单位就业人员工资水平、国家财力情况等因素确定。残疾抚恤金由县级人民政府退役军人工作主管部门发放。

第七章　褒扬激励

第五十七条　国家建立退役军人荣誉激励机制，对在社会主义现代化建设中做出突出贡献的退役军人予以表彰、奖励。退役军人服现役期间获得表彰、奖励的，退役后按照国家有关规定享受相应待遇。

第五十八条　退役军人安置地人民政府在接收退役军人时，应当举行迎接仪式。迎接仪式由安置地人民政府退役军人工作主管部门负责实施。

第五十九条　地方人民政府应当为退役军人家庭悬挂光荣牌，定期开展走访慰问活动。

第六十条　国家、地方和军队举行重大庆典活动时，应当邀请退役军人代表参加。

被邀请的退役军人参加重大庆典活动时，可以穿着退役时的制式服装，佩戴服现役期间和退役后荣获的勋章、奖章、纪念章等徽章。

第六十一条　国家注重发挥退役军人在爱国主义教育和国防教育活动中的积极作用。机关、群团组织、企业事业单位和社会组织可以邀请退役军人协助开展爱国主义教育和国防教育。县级以上人民政府教育行政部门可以邀请退役军人参加学校国防教育培训，学校可以聘请退役军人参与学生军事训练。

第六十二条　县级以上人民政府退役军人工作主管部门应当加强对退役军人先进事迹的宣传，通过制作公益广告、创作主题文艺作品等方式，弘扬爱国主义精神、革命英雄主义精神和退役军人敬业奉献精神。

第六十三条　县级以上地方人民政府负责地方志工作的机构应当将本行政区域内下列退役军人的名录和事迹，编辑录入地方志：

（一）参战退役军人；

（二）荣获二等功以上奖励的退役军人；

（三）获得省部级或者战区级以上表彰的退役军人；

（四）其他符合条件的退役军人。

第六十四条　国家统筹规划烈士纪念设施建设，通过组织开展英雄烈士祭扫纪念活动等多种形式，弘扬英雄烈士精神。退役军人工作主管部门负责烈士纪念设施的修缮、保护和管理。

国家推进军人公墓建设。符合条件的退役军人去世后，可以安葬在军人公墓。

第八章　服务管理

第六十五条　国家加强退役军人服务机构建设，建立健全退役军人服务体系。县级以上人民政府设立退役军人服务中心，乡镇、街道、农村和城市社区设立退役军人服务站点，提升退役军人服务保障能力。

第六十六条　退役军人服务中心、服务站点等退役军人服务机构应当加强与退役军人联系沟通，做好退役军人就业创业扶持、优抚帮扶、走访慰问、权益维护等服务保障工作。

第六十七条　县级以上人民政府退役军人工作主管部门应当加强退役军人思想政治教育工作，及时掌握退役军人的思想情况和工作生活状况，指导接收安置单位和其他组织做好退役军人的思想政治工作和有关保障工作。

接收安置单位和其他组织应当结合退役军人工作和生活状况，做好退役军人思想政治工作和有关保障工作。

第六十八条　县级以上人民政府退役军人工作主管部门、接收安置单位和其他组织应当加强对退役军人的保密教育和管理。

第六十九条 县级以上人民政府退役军人工作主管部门应当通过广播、电视、报刊、网络等多种渠道宣传与退役军人相关的法律法规和政策制度。

第七十条 县级以上人民政府退役军人工作主管部门应当建立健全退役军人权益保障机制，畅通诉求表达渠道，为退役军人维护其合法权益提供支持和帮助。退役军人的合法权益受到侵害，应当依法解决。公共法律服务有关机构应当依法为退役军人提供法律援助等必要的帮助。

第七十一条 县级以上人民政府退役军人工作主管部门应当依法指导、督促有关部门和单位做好退役安置、教育培训、就业创业、抚恤优待、褒扬激励、拥军优属等工作，监督检查退役军人保障相关法律法规和政策措施落实情况，推进解决退役军人保障工作中存在的问题。

第七十二条 国家实行退役军人保障工作责任制和考核评价制度。县级以上人民政府应当将退役军人保障工作完成情况，纳入对本级人民政府负责退役军人有关工作的部门及其负责人、下级人民政府及其负责人的考核评价内容。

对退役军人保障政策落实不到位、工作推进不力的地区和单位，由省级以上人民政府退役军人工作主管部门会同有关部门约谈该地区人民政府主要负责人或者该单位主要负责人。

第七十三条 退役军人工作主管部门及其工作人员履行职责，应当自觉接受社会监督。

第七十四条 对退役军人保障工作中违反本法行为的检举、控告，有关机关和部门应当依法及时处理，并将处理结果告知检举人、控告人。

第九章　法律责任

第七十五条　退役军人工作主管部门及其工作人员有下列行为之一的，由其上级主管部门责令改正，对直接负责的主管人员和其他直接责任人员依法给予处分：

（一）未按照规定确定退役军人安置待遇的；

（二）在退役军人安置工作中出具虚假文件的；

（三）为不符合条件的人员发放退役军人优待证的；

（四）挪用、截留、私分退役军人保障工作经费的；

（五）违反规定确定抚恤优待对象、标准、数额或者给予退役军人相关待遇的；

（六）在退役军人保障工作中利用职务之便为自己或者他人谋取私利的；

（七）在退役军人保障工作中失职渎职的；

（八）有其他违反法律法规行为的。

第七十六条　其他负责退役军人有关工作的部门及其工作人员违反本法有关规定的，由其上级主管部门责令改正，对直接负责的主管人员和其他直接责任人员依法给予处分。

第七十七条　违反本法规定，拒绝或者无故拖延执行退役军人安置任务的，由安置地人民政府退役军人工作主管部门责令限期改正；逾期不改正的，予以通报批评。对该单位主要负责人和直接责任人员，由有关部门依法给予处分。

第七十八条　退役军人弄虚作假骗取退役相关待遇的，由县级以上地方人民政府退役军人工作主管部门取消相关待遇，追缴非法所得，并由其所在单位或者有关部门依法给予处分。

第七十九条　退役军人违法犯罪的，由省级人民政府退役军人工作主管部门按照国家有关规定中止、降低或者取消其退役相关待遇，报国务院退役军人工作主管部门备案。

退役军人对省级人民政府退役军人工作主管部门作出的中止、降低或者取消其退役相关待遇的决定不服的，可以依法申请行政复议或者提起行政诉讼。

第八十条 违反本法规定，构成违反治安管理行为的，依法给予治安管理处罚；构成犯罪的，依法追究刑事责任。

第十章 附　　则

第八十一条 中国人民武装警察部队依法退出现役的警官、警士和义务兵等人员，适用本法。

第八十二条 本法有关军官的规定适用于文职干部。

军队院校学员依法退出现役的，参照本法有关规定执行。

第八十三条 参试退役军人参照本法有关参战退役军人的规定执行。

参战退役军人、参试退役军人的范围和认定标准、认定程序，由中央军事委员会有关部门会同国务院退役军人工作主管部门等部门规定。

第八十四条 军官离职休养和军级以上职务军官退休后，按照国务院和中央军事委员会的有关规定安置管理。

本法施行前已经按照自主择业方式安置的退役军人的待遇保障，按照国务院和中央军事委员会的有关规定执行。

第八十五条 本法自 2021 年 1 月 1 日起施行。

第一部分

导　　读

退役军人保障法制定的情况介绍

为退役军人保障工作立法，保障退役军人合法权益，是退役军人政策制度体系建设的重要内容。2020 年 11 月 11 日，十三届全国人大常委会第二十三次会议审议通过了《中华人民共和国退役军人保障法》，国家主席习近平签署第六十三号主席令予以公布。退役军人保障法自 2021 年 1 月 1 日起施行。退役军人保障法是适应新时代退役军人保障工作需要的基础性、系统性和综合性法律。

一、制定退役军人保障法的必要性和重大意义

退役军人为国防和军队建设做出了重要贡献，是社会主义现代化建设的重要力量，是党和国家的宝贵财富。制定退役军人保障法，对于加强退役军人保障工作，维护退役军人合法权益，让军人成为全社会尊崇的职业，具有重要意义。

1. 制定退役军人保障法是贯彻落实习近平强军思想，推进国防和军队建设的必然要求。党的十八大以来，以习近平同志为核心的党中央高度重视退役军人工作，站在实现中华民族伟大复兴中国梦的战略高度，着眼实现党在新时代的强军目标，对退役军人工作作出一系列重大部署。习近平总书记对做好新时代退役军人工作多次作出重要指示批示，提出了明确要求，强调要加强退役军人管理保障工作，切实维护好退役军人合法权益，让军人成为全社会尊崇的职业。贯彻落实习近平强军思想和习近平总书记重要指示批示，需要制定一部适应当前形势任务、服务国防和军队建设的退役军人保障法。

2. 制定退役军人保障法是贯彻落实党中央决策部署，推进退役军人工作治理体系和治理能力现代化的重要举措。党中央有关文件对加强新时代退役军人工作的指导思想、基本原则和实施步骤作了全面部署，要求建立健全组织管理体系、工作运行体系、政策制度体系。近年来，国防和军队改革深入推进，退役军人政策制度改革取得了很多重要成果。制定退役军人保障法，贯彻落实党中央决策部署，将退役军人工作领域改革成果通过立法固定下来，必将不断推进退役军人工作治理体系和治理能力现代化。

3. 制定退役军人保障法是推进全面依法治国，系统构建退役军人保障制度体系的有力支撑。新中国成立以来，党和国家在不同历史时期、针对不同退役军人群体出台了一系列法规政策文件，对保障退役军人合法权益发挥了重要作用。随着国防和军队改革的深入推进，有些规定比较分散、相互衔接不够的问题逐步显现，有的规定已不能适应新的形势任务，亟须加强制度顶层设计，对有关政策制度进行系统整合，将退役军人保障工作纳入法治化轨道。制定退役军人保障法，对退役军人工作法律制度作出框架性安排，搭好“四梁八柱”，逐步梳理、完善和制定相关法规、规章和政策，有利于退役军人保障制度的系统构建，提高退役军人保障工作的法治化、规范化水平。

4. 制定退役军人保障法是适应党和国家机构改革，加强退役军人服务保障工作的客观需要。党的十九大提出，组建退役军人管理保障机构。党的十九届三中全会通过的《深化党和国家机构改革方案》，明确建立健全集中统一、职责清晰的退役军人管理保障体制，整合民政部、人力资源和社会保障部以及中央军委政治工作部、后勤保障部的有关职责，组建退役军人事务部，集中负责退役军人保障工作。有关机关和部门在各自职责范围内，配合做好退役军人保障工作。制定退役军人保障法，通过立法明确退役军人工作主管部门、有关机关和部门的职责，对于规范退役军人工作体制、提高工作质量和效率、统筹解决矛盾问题具有重要意义。

二、制定退役军人保障法的指导思想、遵循的原则

制定退役军人保障法，必须坚持以习近平新时代中国特色社会主义思想为指导，全面贯彻落实党的十九大和十九届二中、三中、四中、五中全会精神和党中央有关决策部署，坚持为经济社会发展服务、为国防和军队建设服务的方针，为建立健全退役军人工作制度体系，全面做好退役军人工作提供有力法治保障。

制定退役军人保障法遵循的原则：一是坚持党的领导。坚决贯彻习近平强军思想、习近平总书记关于退役军人工作的有关指示批示和中央有关文件精神，与党中央重大决策部署保持一致。二是坚持问题导向。立足退役军人权益保障，紧紧围绕广大退役军人和现役军人普遍关注的问题，将现行规定上升为法律，同时规定了一系列创新举措，为退役军人工作提供有力法治保障，让军人成为全社会尊崇的职业。三是坚持分类保障。依据对国防和军队建设的贡献大小，在安置、服务、保障方面体现区别，树立国防贡献越大、退役安置和服务保障越好的鲜明导向。处理好不同类别退役军人权益保障的合理平衡。四是坚持尽力而为、量力而行。立足国情，使退役军人保障与经济发展相协调，与社会进步相适应，注重服务保障与教育管理、物质待遇与精神激励相结合，充分发挥现有制度效能，激发退役军人干事创业热情，积极投身社会主义现代化建设。五是坚持统筹推进。适应国防和军队改革需要，按照军事政策制度改革要求，做好有关待遇保障政策的平稳过渡，与相关法律法规和各项改革举措有效衔接，为下一步修改和制定配套法规政策留出接口。

三、制定退役军人保障法的工作过程

制定退役军人保障法列入十三届全国人大常委会立法规划和全国

人大常委会、国务院2019年度、2020年度立法工作计划。2019年7月，退役军人事务部、中央军委政治工作部将《中华人民共和国退役军人保障法（草案送审稿）》提请国务院、中央军委审议，司法部、中央军委法制局会同退役军人事务部、中央军委政治工作部等有关部门对送审稿修改完善，形成《中华人民共和国退役军人保障法（草案）》，经国务院常务会议和中央军委常务会议讨论通过后，提请全国人大常委会审议。

2020年6月、10月，十三届全国人大常委会第十九次会议、第二十二次会议对退役军人保障法草案进行了两次审议。在草案审议和修改完善过程中，认真学习、深刻领会习近平强军思想和习近平总书记关于退役军人工作的重要讲话、论述、有关指示批示、中央文件精神，坚持科学立法、民主立法、依法立法，扎实细致开展工作：一是广泛征求意见。将草案印发各省（区、市）、基层立法联系点和中央有关部门、人民团体、高等院校和研究机构等90家单位征求意见，在中国人大网公布草案，公开征求社会公众意见。梳理研究了十三届全国人大三次会议期间代表关于退役军人保障工作的意见。全国人大宪法和法律委员会、社会建设委员会、常委会法制工作委员会联合召开座谈会，专门听取中央有关部门的意见。二审后又向39家中央有关部门、部分省级人大常委会发函，进一步广泛征求意见。二是扎实开展调研。在起草部门充分调研基础上，全国人大宪法和法律委员会、常委会法制工作委员会赴北京、上海、天津、江苏、河北等地调研，与地方有关部门座谈交流，深入省、市、县、乡（镇）、村（社区）五级退役军人服务机构实地考察，了解基层退役军人保障工作实际，与部分全国人大代表、基层干部、退役军人和现役军人代表面对面交流，听取他们的意见建议。三是深入开展研究。认真贯彻落实中央有关文件精神，结合全国人大常委会组成人员的审议意见和各方面意见，全面梳理现行有效法规规章、政策文件，对草案规定深入开展研究，将一些与退役军人保障密切相关、实践中行之有效的制度和做法补充完善到草案中。四是加强沟通协调。针对各方面意见比较集中的问题，与退役军人事务部、司法部、军委法制局、军委政治工作部等部门加强沟通、相互配合，共同协商确定修改方案，不断完善草案规定，最终提请全国人大常委会审议通过。

四、退役军人保障法的主要内容

退役军人保障法共 10 章、85 条，主要内容包括：

1. 明确本法的立法目的和适用范围。一是立法目的。规定本法的立法目的是加强退役军人保障工作，维护退役军人合法权益，让军人成为全社会尊崇的职业。二是适用范围，规定本法所称退役军人，是指从中国人民解放军依法退出现役的军官、军士和义务兵等人员。同时，在附则中规定中国人民武装警察部队依法退出现役的警官、警士和义务兵等人员适用本法，本法有关军官的规定适用于文职干部，军队院校学员依法退出现役的参照本法有关规定执行。

2. 明确保障工作的基本方针、原则和工作体制。一是工作原则。退役军人保障工作坚持中国共产党的领导，坚持为经济社会发展服务、为国防和军队建设服务的方针，遵循以人为本、分类保障、服务优先、依法管理的原则。二是保障工作体制。规定了国务院退役军人工作主管部门、县级以上地方人民政府退役军人工作主管部门职责，中央和国家有关机关、中央军事委员会有关部门、地方各级有关机关的职责，并明确要求军队各级负责退役军人有关工作的部门与县级以上人民政府退役军人工作主管部门应当密切配合，做好退役军人保障工作。三是经费保障机制。规定退役军人保障工作所需经费由中央和地方财政共同负担，退役安置、教育培训、抚恤优待资金主要由中央财政负担。

3. 规范移交接收工作机制。一是责任主体。明确制定全国退役军人年度移交接收计划的主体、移交退役军人的主体和接收退役军人的主体及有关责任义务，并规定退役军人应当在规定时间内，持军队出具的退役证明到安置地人民政府退役军人工作主管部门报到。二是工作程序。对退役军人人事档案移交接收、户口登记、退役军人及随军未就业配偶的社会保险关系和相应资金转移接续等作出规定。三是制发优待证。规定安置地人民政府退役军人工作主管部门在接收退役军人时，向退役军人发放退役军人优待证。退役军人优待证全国统一制发、统一编号，管理使用办法由国务院退役军人工作主管部门会同有关部门制定。四是移交接收过程中的问题处理机制。规定退役军人移交接收过程中，发生与其服现役有关的问题，由原所在部队负责处理；发生与其安置有关的问题，由安置地人民政府负责处理；发生其他移交接收方面问题的，由安置地人民政府负责处理，原所在部队予以配合。并对原所在部队撤销或者转隶、合并情形下的问题处理机制作了规定。

4. 明确分类安置方式和保障措施。一是安置原则。在总则中规定退役军人安置工作应当公开、公平、公正。二是分类安置。根据退役军官、军士和义务兵的身份类别，结合服现役年限、所做贡献等因素，分别确定了退休、转业、逐月领取退役金、复员、自主就业、安排工作、供养等安置方式，并对不同安置方式的待遇保障等作出明确规定。三是优先安置对象。规定参战退役军人，担任作战部队师、旅、团、营级单位主官的转业军官，属于烈士子女、功臣模范的退役军人，长期在艰苦边远地区或者特殊岗位服现役的退役军人，优先安置。

5. 完善安置配套制度。一是编制保障。规定机关、群团组织、事业单位接收安置转业军官、安排工作的军士和义务兵的，应当按照国家有关规定给予编制保障。二是劳动权益保障。规定国有企业接收安置转业军官、安排工作的军士和义务兵的，应当按照国家规定与其签订劳动合同，保障相应待遇。同时，规定机关、群团组织、事业单位和国有企业依法裁减人员时，应当优先留用接收安置的转业和安排工作的退役军人。三是拥军优属。规定各级人民政府加强拥军优属工作，为军人和家属排忧解难，符合条件的军官和军士退出现役时，其配偶和子女可以按照国家有关规定随调随迁，并对随调配偶就业、随迁子女转学入学等作出规定。此外，还对伤病残退役军人指令性移交安置、收治休养制度作出具体规定。

6. 创新教育培训举措。一是国家支持。规定国家采取措施加强对退役军人的教育培训，帮助退役军人完善知识结构，提高思想政治水平、职业技能水平和综合职业素养，提升就业创业能力。二是退役前教育培训。规定军人退役前，所在部队在保证完成军事任务的前提下，可以根据部队特点和条件提供职业技能储备培训。三是教育优惠政策。规定退役军人在接受学历教育时，按照国家有关规定享受学费和助学金资助等国家教育资助政策，高等学校根据国家统筹安排，可以通过单列计划、单独招生等方式招考退役军人；现役军人入伍前已被普通高等学校录取或者是正在普通高等学校就学的学生，服现役期间保留入学资格或者学籍，退役后在入学、复学等方面享受相关教育优惠政策。四是职业技能培训。规定国家依托和支持普通高等学校等机构为退役军人提供职业技能培训；军人退出现役，安置地人民政府应当根据就业需求组织其免费参加职业教育、技能培训，经考试考核合格的，发给相应的学历证书、职业资格证书或者职业技能等级证书并推荐就业。

7. 完善就业创业扶持措施。一是就业支持。规定服现役期间因战、因公、因病致残被评定残疾等级和退役后补评或者重新评定残疾等级的残疾退役军人，有劳动能力和就业意愿的，优先享受国家规定的残疾人就业优惠政策；公共人力资源服务机构应当免费为退役军人提供职业介绍、创业指导等服务，国家鼓励经营性人力资源服务机构和社会组织为退役军人就业创业提供免费或者优惠服务；退役军人未能及时就业的，在人力资源和社会保障部门办理求职登记后，可以按照规定享受失业保险待遇；机关、群团组织、事业单位和国有企业在招录或者招聘人员时，对退役军人的年龄和学历条件可以适当放宽，同等条件下优先招录、招聘退役军人。二是就业渠道。规定退役的军士和义务兵入伍前是机关、群团组织、事业单位或者国有企业人员的，退役后可以选择复职复工；各地应当设置一定数量的基层公务员职位，面向服现役满五年的高校毕业生退役军人招考；服现役满五年的高校毕业生退役军人可以报考面向服务基层项目人员定向考录的职位，同服务基层项目人员共享公务员定向考录计划；各地应当注重从优秀退役军人中选聘党的基层组织、社区和村专职工作人员；军队文职人员岗位、国防教育机构岗位等，应当优先选用符合条件的退役军人；学校可以聘请退役军人参与学生军事训练。三是创业支持。规定相关创业孵化基地和创业园区优先为退役军人创业提供服务，退役军人创办小微企业，可以按照国家有关规定申请创业担保贷款，并享受贷款贴息等融资优惠政策；退役军人从事个体经营，依法享受税收优惠政策。

8. 加大优待帮扶力度。一是普惠与优待叠加。规定各级人民政府应当坚持普惠与优待叠加的原则，在保障退役军人享受普惠性政策和公共服务基础上，结合服现役期间所做贡献和各地实际情况给予优待。二是特殊保障。规定对参战退役军人应当提高优待标准；加强优抚医院、光荣院建设，收治或者集中供养孤老、生活不能自理的退役军人；残疾退役军人依法享受抚恤。三是优待措施。规定国家逐步消除退役军人抚恤优待制度城乡差异、缩小地区差异；明确在社会保险、住房、医疗、交通、文化和旅游等方面，对退役军人给予相应优待；退役军人符合安置住房优待条件的，实行市场购买与军地集中统建相结合，由安置地人民政府统筹规划、科学实施；建立退役军人帮扶援助机制。

9. 强化褒扬激励制度功能。一是荣誉激励。规定国家建立退役军人荣誉激励机制，对在社会主义现代化建设中做出突出贡献的退役军人予以表彰、奖励。退役军人服现役期间获得表彰、奖励的，退役后按照国家有关规定享受相应待遇；国家注重发挥退役军人在爱国主义教育和国防教育活动中的积极作用，机关、群团组织、企业事业单位和社会组织可以邀请退役军人协助开展爱国主义教育和国防教育，县级以上人民政府教育行政部门可以邀请退役军人参加学校国防教育培训；县级以上人民政府退役军人工作主管部门应当加强对退役军人先进事迹的宣传，通过制作公益广告、创作主题文艺作品等方式，弘扬爱国主义精神、革命英雄主义精神和退役军人敬业奉献精神。二是褒扬激励。规定安置地人民政府在接收退役军人时，应当举行迎接仪式；地方人民政府应当为退役军人家庭悬挂光荣牌，定期开展走访慰问活动；国家、地方和军队举行重大庆典活动时，应当邀请退役军人代表参加，被邀请的退役军人参加重大庆典活动时，可以穿着退役时的制式服装，佩戴服现役期间和退役后荣获的勋章、奖章、纪念章等徽章。三是弘扬英烈精神。规定国家统筹规划烈士纪念设施建设，通过组织开展英雄烈士祭扫纪念活动等多种形式，弘扬英雄烈士精神。退役军人工作主管部门负责烈士纪念设施的修缮、保护和管理；国家推进军人公墓建设。符合条件的退役军人去世后，可以安葬在军人公墓。

10. 加强服务保障能力建设。一是服务机构建设。规定国家加强退役军人服务机构建设，建立健全退役军人服务体系。县级以上人民政府设立退役军人服务中心，乡镇、街道、农村和城市社区设立退役军人服务站点，提升退役军人服务保障能力。二是服务机构职责。规定退役军人服务中心、服务站点等退役军人服务机构应当加强与退役军人联系沟通，做好退役军人就业创业扶持、优抚帮扶、走访慰问、权益维护等服务保障工作。三是健全权益保障机制。规定县级以上人民政府退役军人工作主管部门应当建立健全退役军人权益保障机制，畅通诉求表达渠道，为退役军人维护其合法权益提供支持和帮助；退役军人的合法权益受到侵害，应当依法解决；公共法律服务有关机构应当依法为退役军人提供法律援助等必要的帮助。同时，对加强退役军人法律法规和政策制度宣传、思想政治工作、保密教育和管理等作出规定。

11. 规范监督管理工作。一是主管部门职责。规定退役军人工作主管部门依法指导、督促有关部门和单位做好退役军人安置等工作，监督检查退役军人保障相关法律法规和政策措施落实情况，推进解决退役军人保障工作中存在的问题；国家实行退役军人保障工作责任制和考核评价制度；退役军人工作主管部门及其工作人员履行职责，应当自觉接受社会监督，并规定未按照规定确定安置待遇、在退役军人保障工作中失职渎职等行为的法律责任。二是有关部门、安置单位职责。规定其他负责退役军人有关工作的部门及其工作人员的职责和法律责任，以及安置单位拒绝或者无故拖延执行退役军人安置任务的法律责任。三是退役军人的义务和法律责任。要求退役军人继续发扬人民军队优良传统，模范遵守宪法和法律法规；弄虚作假骗取退役待遇的，应当承担法律责任；违法犯罪的，按照国家有关规定由省级人民政府退役军人工作主管部门中止、降低或者取消其退役相关待遇，报国务院退役军人工作主管部门备案。

12. 做好法规政策衔接配套。军队离职休养军官、自主择业的军队转业干部等退役军人的安置和待遇保障比较特殊。在征求意见过程中，很多意见建议在法律中明确相应的法律地位。考虑到军队政策制度改革正在统筹推进，草案修改稿作了衔接性规定：军官离职休养和军级以上职务军官退休后，按照国务院和中央军事委员会的有关规定安置管理。关于本法施行前已经按照自主择业方式安置的退役军人的待遇保障，按照国务院和中央军事委员会的有关规定执行。同时，规定退役军人优待证管理使用办法及优待内容、安置具体办法、残疾抚恤金标准、参战参试退役军人范围和认定标准等配套规定由有关方面制定。

退役军人保障法通过后，得到社会各方面的充分肯定，认为这部法律贯彻落实党中央决策部署，积极回应社会关切，对退役军人保障工作作了系统全面的规定，切实增强了广大退役军人的获得感、幸福感、荣誉感，实施后必将充分调动广大退役军人干事创业、投身社会主义现代化建设的积极性，激励广大现役官兵安心服役、建功军营。法律的生命力在于实施。退役军人保障法对退役军人保障有关的基本原则、主要制度作了规定，一些规定还需要通过配套法规政策予以细化。在法律起草和审议过程中，退役军人事务部已经会同有关方面紧锣密鼓地开展了配套法规政策的制定工作。下一步，要按照法律规定，结合军事政策制度改革要求，继续做好配套法规政策制定和清理工作，该制定的尽快制定，该修改的抓紧修改，该废止的及时废止。同时，要采取多种形式，扎实做好退役军人保障法和有关法规政策的宣传解读，营造法律实施的良好氛围，让全社会了解法律和有关规定的主要内容，确保法律有效实施，切实维护好广大退役军人的合法权益。

第二部分

释　　义

第一章　总　　则

总则一般规定立法目的、基本原则等比较重要的问题，对全法起统领作用。总则中的原则和制度，在后面的法律条文中都有具体体现。对后面各章具体内容的理解，要结合总则所确定的精神和指导原则来掌握。本章共11条，主要规范了立法目的、退役军人概念、退役军人的定位以及国家和社会的责任、方针原则、保障基本原则、退役军人义务、管理体制、信息化建设、经费保障、社会参与、表彰奖励等基本制度。

第一条　为了加强退役军人保障工作，维护退役军人合法权益，让军人成为全社会尊崇的职业，根据宪法，制定本法。

【条文主旨】

本条是关于立法目的的规定。

【条文释义】

一、加强退役军人保障工作

退役军人为国防和军队建设做出了重要贡献，是社会主义现代化建设的重要力量，是党和国家的宝贵财富。做好退役军人保障工作，对于巩固党的执政地位、确保国家政权稳固、厚植强军兴军根基、维护社会安全稳定具有十分重要的意义。从我国实际来看，党领导下的退役军人保障工作，始终紧贴中国革命、建设、改革不同历史阶段形势任务要求，每个时期的政策制度都与当时的经济社会发展水平相适应，对人民军队从弱到强、从胜利走向胜利，发挥了重要服务保障作用，对凝聚广大军民智慧和力量，投身民族解放、国家独立和中国特色社会主义建设发挥了重要推动作用。

随着经济社会的快速发展、国防和军队改革的深入推进，退役军人保障工作面临着新形势新任务新变化：一是党的十八大以来，以习近平同志为核心的党中央对退役军人工作作出系列重大部署，习近平总书记作出系列重要论述。二是2018年3月机构改革之前对军官和士兵的安置、就业、优待等工作分散在相关部门，有关规定比较分散，需要整合。三是对退役军人保障工作中普遍反映的问题，需要通过法律予以统筹解决。因此，有必要制定一部系统完备的法律，为做好新时代退役军人保障工作提供法治保障。在立法过程中，对于如何确定法的名称有多种意见，经过反复比较研究，最终将法的名称定为“退役军人保障法”，将加强保障作为重点，突出对退役军人的保障。本法对加强退役军人保障工作作出了全方位的制度性安排，同时规定了相应的服务保障措施，把做好退役军人保障工作上升为国家意志，标志着我国退役军人保障工作全面进入一个法治化的新阶段。

二、维护退役军人合法权益

退役军人曾经戍边守疆、保家卫国，为国防和军队建设做出了重要贡献，在军队是维护国家安全的坚强柱石，回到地方也是巩固党的执政基础、促进经济社会发展、维护社会稳定的可靠力量，是社会主义现代化建设不可或缺的重要力量。把退役军人安置好、服务好、保障好，维护好他们的合法权益，有利于激发广大现役官兵昂扬向上的军心士气，有效履行新时代军队的崇高使命，有利于吸引更多的高素质人才投身国防和军队建设，把国防潜力转化为国防实力。

依法维护好法律赋予退役军人的权益，是退役军人保障工作的重要任务。本法将“维护退役军人合法权益”作为立法目的之一，凸显了党和国家对退役军人的关心关爱。为了落实这一立法目的，本法从多个方面作了具体规定，明确了合法权益内容、基本原则、责任主体、具体保障措施以及相应的法律责任，为维护退役军人的合法权益提供了明确的法律依据。

在今后的工作中，要努力使退役军人保障工作理念与治理体系和治理能力现代化要求相适应，使退役军人保障工作改革步伐与国家、军队改革进程相适应，使待遇保障标准与经济社会发展水平相协调，妥善解决工作中存在的问题。

三、让军人成为全社会尊崇的职业

党的十九大报告明确指出，要“让军人成为全社会尊崇的职业”。军人得到全社会的尊崇，不仅是军队激发战斗精神、保持强大战力的关键所在，也是党和国家事业永续发展的安全之基。无数事实证明，军人拥有更多的自豪感、尊崇感、荣誉感，人民就会拥有更多获得感、安全感、幸福感。制定退役军人保障法，目的是让退役军人成为全社会尊重的人，让军人成为全社会尊崇的职业。通过立法，推进构建完备的退役军人保障工作组织管理体系、工作运行体系、政策制度体系，满腔热忱为退役军人服务，在全社会营造尊重、关爱退役军人的浓厚氛围，能够进一步巩固军政军民关系，强化尊崇军人的社会共识，不断提升军人地位的认可度。

四、根据宪法，制定本法

宪法是国家的根本法，是治国安邦的总章程，是党和人民意志的集中体现，具有最高的法律地位、法律权威、法律效力，具有根本性、全局性、稳定性、长期性。在中国特色社会主义法律体系中，宪法居于核心地位，所有的法律都是依据宪法制定的，都是对宪法精神、原则和制度的具体化。宪法作为本法的依据，主要体现在两个方面：一是宪法确定的基本精神和基本原则在退役军人保障法制定中得到遵循，成为退役军人保障法制定的指导思想，并体现在具体条文中。二是将宪法有关退役军人和其他优抚对象保障的规定具体化。宪法中直接与退役军人保障相关的条款为第四十五条第二款，“国家和社会保障残废军人的生活，抚恤烈士家属，优待军人家属”。本法对宪法的原则性规定进行具体化，尤其对退役军人保障工作的保障对象和保障办法作了更具可操作性的规定，确保宪法规定得到有效实施。

在立法过程中，有的意见提出，要将兵役法、现役军官法、武装警察法、军人地位和权益保障法以及有关行政法规、军事法规等作为退役军人保障法的上位法和立法依据。考虑到这些法律分别从不同角度对兵役、现役军官、武装警察、军人地位和权益保障等作了规定，和退役军人保障法的位阶相同，有关行政法规、军事法规的位阶低于法律，本法没有采纳这一意见。

第二条　本法所称退役军人，是指从中国人民解放军依法退出现役的军官、军士和义务兵等人员。

【条文主旨】

本条是关于退役军人概念的规定。

【条文释义】

一、依法退出现役

按照本条规定，退役军人是从中国人民解放军依法退出现役的人员，成为退役军人的前提条件是必须依法退出现役。按照现役军官法、兵役法、《中国人民解放军现役士兵服役条例》等法律法规的规定，符合退出现役的条件，经具备相应权限的机关批准退出现役，成为退役军人，享受退役军人有关待遇。需要注意的是，按照中央军事委员会颁布的军事法规《中国人民解放军纪律条令（试行）》的规定，曾经服过役，但受到除名、开除军籍处分的人员，不属于退役军人。因此，受到除名、开除军籍处分的人员，不属于本法所称退役军人的范畴。

二、退役军人的范围

按照本条规定，退役军人主要包括依法退出现役的军官、军士、义务兵等。

1. 军官。军官是被任命为排级以上职务或者初级以上专业技术职务，并被授予相应军衔的现役军人。按照军衔等级，从低到高依次为少尉、中尉、上尉、少校、中校、上校、大校、少将、中将、上将。其中，少尉、中尉、上尉称为尉官，少校、中校、上校、大校称为校官，少将、中将、上将称为将官。军官依法退出现役后，按照本法规定予以安置，享受相应待遇。

2. 军士。本法根据国防和军队改革情况，使用了军士这一名称，实际上就是指现在的士官。士官是从服现役期满的义务兵中选取，或者从军队院校毕业的士官学员中任命，或者直接从非军事部门具有专业技能的公民中招收，并授予相应军衔的志愿兵役制士兵。士官军衔按照军衔等级分为：高级士官（一级军士长、二级军士长、三级军士长）、中级士官（四级军士长、上士）、初级士官（中士、下士）。士官军衔中，下士为最低军衔，一级军士长为最高军衔。目前，国防和军队改革正在进行，对士官制度进行了调整，人员名称从士官调整为军士，兵役法和有关军事法规正在抓紧制定修订过程中，也将对这一名称进行相应修改。

3. 义务兵。义务兵是指服义务兵役制的士兵。义务兵服现役的期限为二年，服现役第一年的义务兵，授予列兵军衔，服现役第二年的列兵，晋升为上等兵。义务兵军衔应当按照规定的服现役年限晋升，服现役第一年的列兵被任命为班长职务的，晋升为上等兵军衔。经国务院、中央军委批准，自2020年起，义务兵征集由一年一次征兵一次退役，调整为一年两次征兵两次退役。

此外，对于武警部队官兵适用问题，本法在附则作了相应规定。

第三条　退役军人为国防和军队建设做出了重要贡献，是社会主义现代化建设的重要力量。

尊重、关爱退役军人是全社会的共同责任。国家关心、优待退役军人，加强退役军人保障体系建设，保障退役军人依法享有相应的权益。

【条文主旨】

本条是关于退役军人的定位以及国家和社会的责任的规定。

【条文释义】

一、退役军人的定位

对退役军人保障工作立法，首先应当明确退役军人在国家和社会中的定位。现役军人为国防和军队建设做出了重要贡献，在认真完成各项军事任务的同时，还积极参与地方经济社会建设，在抢险救灾、精准扶贫、文明创建、维护稳定等方面做出了重要贡献，退役后走向社会，仍然在各行业以普通公民的身份发挥着自身经验和优长，为国家经济建设和社会稳定继续做出贡献。按照党和国家有关规定，本法明确了退役军人的定位，规定退役军人为国防和军队建设做出了重要贡献，是社会主义现代化建设的重要力量。这充分彰显了退役军人为国家和人民牺牲奉献的精神风范，树立了退役军人继续发挥优良传统在社会经济建设中积极发挥作用的价值导向。

二、国家和社会的责任

对退役军人给予特殊保障是由军人职业的特殊性决定的。退役军人在服现役期间，为国防和军队建设做出了贡献，国家和社会应当尊重、关爱退役军人，并在关心优待、加强保障、维护合法权益这些具体的退役军人保障工作中体现出来。

1. 尊重、关爱退役军人。这是退役军人保障工作的根本出发点，也是引导广大人民群众特别是青少年树立世界观、人生观、价值观，培养社会主义核心价值观的具体形式，目的是带动社会各界培养爱国拥军、心系国防的浓厚氛围，从而提升军人的职业荣誉感。正是因为退役军人为国防和军队建设做出了贡献，他们应当受到尊重，得到关爱。因此，尊重、关爱退役军人是全社会的共同责任。全社会应当在依照本法规定做好接收安置、优待服务等事项的同时，充分发挥各自优势，通过各种形式体现对退役军人的尊重、关爱。例如，本法第十条规定，国家鼓励和引导企业、社会组织、个人等社会力量依法通过捐赠、设立基金、志愿服务等方式为退役军人提供支持和帮助。

2. 关心、优待退役军人。关心、优待退役军人，在政治上、经济上给予相应荣誉和待遇，是我们做好退役军人保障工作的优良传统和重要特色。早在 1931 年 11 月，中央苏区颁布实行的《红军优待条例》就明确规定了对红军及其家属实行分配土地、代耕代种、免交捐税和优惠购物等优待。1984 年颁布的兵役法从法律上确立了优抚对象“应当受到社会的尊重，受到国家和人民群众的优待”的原则。1988 年出台并后续进行修订的《军人抚恤优待条例》把对优抚对象在各方面的优待固定下来，2020 年出台的《关于加强军人军属、退役军人和其他优抚对象优待工作的意见》在原有的优待政策的基础上，对医疗、交通、文旅、教育、住房等多个方面优待作了进一步明确，列出了相应的优待目录清单，使这项传统工作更具操作性和针对性。本法明确规定国家关心、优待退役军人，同时，在有关条款中明确了具体法律制度。各地各部门应当按照本法规定，落实退役军人各项待遇和优待，保护退役军人合法权益，宣传退役军人先进事迹，弘扬退役军人敬业奉献精神，将党和国家对退役军人的关心、优待落到实处。

3. 加强退役军人保障体系建设。全面建立退役军人服务保障体系，旨在推动退役军人保障工作相关政策落实，打通服务保障退役军人的“最后一公里”。服务保障体系主要包括：（1）县级以上各级政府建有退役军人服务中心，由同级退役军人工作主管部门管理，指导下级退役军人服务中心（站）开展业务工作；乡镇（街道）、村（社区）建有服务中心站，退役军人少于30人的可不单独建站，但应当明确专人负责。（2）优抚医院。优抚医院是国家为残疾军人和在服役期间患严重慢性病、精神疾病的复员退伍军人等优抚对象提供医疗和供养服务的优抚事业单位，包括荣誉军人康复医院、复员退伍军人慢性病医院、复员退伍军人精神病医院和综合性优抚医院。优抚医院建设与发展应当纳入当地经济和社会发展总体规划和卫生事业发展规划，建设水平应当与当地经济和社会发展相适应。（3）光荣院。是国家集中供养孤老和生活不能自理的抚恤优待对象，并对其实行特殊保障的优抚事业单位。光荣院的建设服务水平应当与当地经济和社会发展相适应，满足集中供养和服务需求。（4）军休干部服务管理机构。是服务和管理军休干部的专设机构，包括军休干部服务管理中心、军休干部休养所、军休干部服务管理站等。承担军休干部服务管理具体工作，主要包括贯彻执行国家关于军休干部的法律法规政策，办理接收军休干部，做好服务保障和管理教育，落实政治待遇和生活待遇等。这里所说的军休干部，是移交政府安置的由退役军人工作主管部门服务管理的中国人民解放军和中国人民武装警察部队离休退休干部的简称。近年来，国家相继出台了《基层退役军人服务中心（站）工作指南》《光荣院管理办法》等政策法规，用以规范和促进退役军人服务保障工作。

4. 保障退役军人依法享有相应的权益。确保有关法律法规中已明确的退役军人各项权益得到有效落实，是各级政府应尽的责任。军人服役期间当兵在外，退役回到地方后要顺利融入社会，需要各责任相关方带着感情和责任，主动靠前做工作，真诚倾听退役军人诉求、真情纾解退役军人心结、真心维护退役军人合法权益，把问题解决到位、思想教育到位、困难帮扶到位。本法充分考虑退役军人为国防和军队建设做出的特殊贡献，以及他们退役回到地方后的现实情况，从法律上明确要保障退役军人依法享有相应的权益。这有利于体现国家对军人服役贡献的褒扬，也有利于吸引更多优秀青年参军入伍、促进现役军人安心服役。

第四条　退役军人保障工作坚持中国共产党的领导，坚持为经济社会发展服务、为国防和军队建设服务的方针，遵循以人为本、分类保障、服务优先、依法管理的原则。

【条文主旨】

本条是关于方针原则的规定。

【条文释义】

一、坚持中国共产党的领导

坚持党对退役军人保障工作的领导，是贯彻落实党对一切工作集中统一领导的根本要求。退役军人保障工作事关改革发展稳定大局，事关国防和军队建设，做好退役军人保障工作，必须毫不动摇地坚持党的全面领导，充分发挥党的政治优势和组织优势，凝聚形成做好退役军人保障工作的强大合力。在各个发展历史阶段，退役军人保障工作始终是在党的领导下不断得到发展完善的。尤其是当面临许多重大问题需要解决时，党的政治领导、组织领导和思想领导为退役军人保障工作提供了强大支持保障，保证了退役军人保障工作的接续完善和创新发展。坚持党的领导，就要把党的领导贯穿退役军人保障工作各方面全过程，建立健全领导体制机制，加强退役军人保障工作顶层设计、统筹协调、整体推进，确保党的路线方针政策和党中央决策部署得到全面贯彻和有效执行。要不断加强党对退役军人保障工作的集中统一领导，不断健全完善退役军人保障工作组织管理体系、工作运行体系、政策制度体系，推动行政部门、服务体系、社会力量“三驾马车”同向发力，把党的主张转化为广大退役军人的思想自觉和行动自觉，引导他们离军不离党、永远跟党走。

二、坚持为经济社会发展服务、为国防和军队建设服务的方针

强国必先强军，军强才能国安，退役军人保障工作服务经济社会发展、服务国防和军队建设，两者是相辅相成、不可分割的，统一于实现强国梦强军梦的伟大实践。退役军人在军队是维护国家安全的重要力量，回到地方也是巩固党的执政基础、建设中国特色社会主义的重要力量，把他们的作用发挥好是党的事业发展的必然要求。坚持“为经济社会发展服务、为国防和军队建设服务”就是要围绕实现党在新时代的强军目标谋划推进退役军人保障工作，适应国防和军队改革发展要求，解决好现役军人的后顾之忧，从而激励有志青年从军报国、献身国防，促进广大官兵安心服役、建功军营。要把退役军人作为宝贵的人力资源安置好、使用好、作用发挥好，充分激发他们的奋斗热情，发挥他们的聪明才智，强化他们的荣誉责任，发挥退役军人在巩固基层政权、乡村振兴、脱贫攻坚、维稳戍边、应急应战等方面的优势和作用，为推进中国特色社会主义伟大事业继续贡献力量。

三、遵循以人为本、分类保障、服务优先、依法管理的原则

1. 以人为本的原则。这是退役军人保障工作贯彻以人民为中心发展理念的具体体现。具体到实际工作中，就是以退役军人为中心，把退役军人对美好生活的向往作为工作目标，把解决他们的困难问题作

为工作重点。满腔热情为退役军人服务，真心实意为他们排忧解难，实现好维护好发展好退役军人的根本利益，切实维护好他们的合法权益，让退役军人真正成为全社会尊重的人。

2. 分类保障的原则。这是推进退役军人服务保障精准化、精细化的必然要求。退役军人军龄长短不一，从事岗位不同，地域艰苦程度不同，平时与战时情况不同，存在很多差异。按照服役贡献越大、退役安置和服务保障越好的导向，针对不同类型退役军人实行分类保障，是做好退役军人保障工作的必然要求，也有利于鼓励广大官兵安心服役、建功军营，激励广大社会青年积极投身国防军队建设。分类保障，就是要依据退役军人对国防和军队建设的贡献大小，在安置、就业、优抚、荣誉激励等方面实行不同的措施。这个原则体现在本法的各个方面。例如，本法在安置方式的规定上，就充分体现了这一原则，贡献越大，安置越好，对退役的军官，国家采取退休、转业、逐月领取退役金、复员等方式妥善安置；以转业方式安置的，由安置地人民政府根据其德才条件以及服现役期间的职务、等级、所做贡献、专长等和工作需要安排工作岗位，确定相应的职务职级。对退役的军士，国家采取逐月领取退役金、自主就业、安排工作、退休、供养等方式妥善安置；以安排工作方式安置的，由安置地人民政府根据其服现役期间所做贡献、专长等安排工作岗位。对退役的义务兵，国家采取自主就业、安排工作、供养等方式妥善安置；以安排工作方式安置的，由安置地人民政府根据其服现役期间所做贡献、专长等安排工作岗位。对参战退役军人，担任作战部队师、旅、团、营级单位主官的转业军官，属于烈士子女、功臣模范的退役军人，长期在艰苦边远地区或者特殊岗位服现役的退役军人，优先安置。

3. 服务优先的原则。这是做好退役军人保障工作的重要方向。退役军人离开部队，来到地方，能否使退役军人有归属感、快速适应新的工作和生活，很大程度取决于服务保障是否到位。做好退役军人的保障工作，首先就要真诚关爱关心退役军人，热情帮助他们解决好实际困难，努力增强退役军人的荣誉感和归属感。各地要建立退役军人服务机构，高质量做好退役军人服务保障工作，要研究退役军人享受优待的领域和范围，保证优待政策能够落地落实，切实把好事办好，要充分考虑广大退役军人的所需所盼，着力在政策允许的范围内，在公共服务领域等方面提供优先、优惠、优质服务，让广大退役军人不断增强幸福感，营造良好的社会氛围，维护好退役军人合法权益。

4. 依法管理的原则。依法管理退役军人保障工作，是推进退役军人事务领域治理体系和治理能力现代化的重要内容，是贯彻全面依法治国要求、推进法治政府建设、推进退役军人保障工作依法行政的具体途径。坚持依法管理，要把政策法规建设摆在突出位置，加强法治建设，构建以退役军人保障法为主干，涵盖就业安置、待遇保障、抚恤优待、荣誉激励、教育管理等各领域的退役军人政策制度体系，按照法规政策回应退役军人诉求，促进退役军人保障工作在法治轨道上运行。通过依法管理，用法律法规保障退役军人合法权益，引导他们树立法治观念，依法依规反映诉求，使各项工作更加科学规范，同时也能够对少数打着“退役军人”旗号实施违法犯罪活动人员形成震慑和进行依法打击，维护社会稳定。

第五条　退役军人保障应当与经济发展相协调，与社会进步相适应。

退役军人安置工作应当公开、公平、公正。

退役军人的政治、生活等待遇与其服现役期间所做贡献挂钩。

国家建立参战退役军人特别优待机制。

【条文主旨】

本条是关于保障基本原则的规定。

【条文释义】

一、退役军人保障应当与经济发展相协调，与社会进步相适应

国家高度重视退役军人保障，千方百计地提高退役安置质量和服务保障标准，不断完善与我国发展阶段相适应的退役军人保障方针政策。新中国成立以来很长一段时期，由于我国社会主义建设事业基础弱、底子薄、物资匮乏，人民群众的生活水平普遍不高。限于当时的历史条件，退役军人保障也存在标准较低、不够到位等现象。改革开放后，随着经济社会发展和国力的增强，我国不断加大对退役军人的保障力度，从养老、医疗、住房、文化旅游、抚恤优待等多个方面向退役军人倾斜，逐步提高对退役军人的保障水平。特别是党的十八大以来，国家先后出台一批惠及退役军人的创新举措，为做好新时代退役军人工作提供了有力支持，广大退役军人的获得感幸福感荣誉感不断增强。

做好退役军人保障，还须清醒地认识到我国仍处于并将长期处于社会主义初级阶段的基本国情没有变，我国是世界最大发展中国家的国际地位没有变。我们要把握好社会主义初级阶段这个基本国情、立足于社会主义初级阶段这个最大实际，统筹规划、协调推进退役军人保障工作。做好退役军人保障工作，既要尽力而为，又要量力而行，在及时调整提高保障水平的同时，要防止出台脱离发展实际的文件，保证退役军人保障政策和措施的可行性、可持续性。各地应结合当地实际发展情况，多做雪中送炭的事。有关方面要做好法律和政策的宣传解读工作，合理引导预期，营造法律实施的良好氛围，为有关军事政策制度改革整体推进创造良好舆论环境。

二、退役军人安置工作应当公开、公平、公正

在立法过程中，有的意见提出，要切实采取措施解决退役安置过程中存在的不公开、不透明、相互攀比甚至腐败等问题。本法采纳了以上建议，明确退役军人安置工作应当在各个环节贯彻执行公开、公平、公正的基本原则。公开，是指有关单位应当按照《政府信息公开条例》和有关法律规定，及时以各种方式向退役军人传达关于退役军人安置的法律法规和政策，以及退役军人的安置条件、安置结果、待遇保障等，让退役军人能够充分了解安置工作有关信息。公平，是指退役军人在安置相关法律法规和政策面前一律平等，在各个工作环节严格落实“阳光安置”政策，做到合法有据，严禁未按照规定确定退役军人安置待遇等违法行为。公正，是指退役军人的安置结果、享有的优惠政策等与服役期间所做贡献挂钩，服役贡献越大，安置后待遇保障越好；同时，兼顾退役军人服役的岗位经历、专长、德才条件和工作需要，尽量做到妥善安置、合理使用、人尽其才、各得其所，努力让每一名退役军人在退役安置工作中感受到公平正义。

近年来，退役军人安置制度不断建立健全。例如，2018 年 12 月，退役军人事务部、中央军委政治工作部印发《符合政府安排工作条件退役士兵服役表现量化评分暂行办法》，进一步完善了适用范围、评分项目和标准、档案材料登记管理、审档评分等内容，更加强调退役士兵安置待遇与服役表现相匹配，为深入推进“公开、公平、公正”提供了较为完善的制度依据。

在立法过程中，也有意见提出，要完整、准确理解本法关于公开这一要求的内涵，不能因为法律要求公开，就将与安置工作有关的所有信息都公之于众，走向极端。本法这一规定是基本原则，实际工作中要结合具体情况，公开法律允许公开的内容。除了本法规定之外，有关单位还要严格遵守国家和军队关于保密工作的法律法规，保护好国家秘密、军事秘密，同时要遵守关于个人信息保护的法律规定，依法保护好退役军人的个人隐私，防止退役军人与安置工作无关的个人信息被泄露。

三、退役军人的政治、生活等待遇与其服现役期间所做贡献挂钩

将退役后的保障和服役期间所做贡献挂钩，历来是退役军人工作的一项重要原则。本法继续坚持并更加突出了退役保障与服役贡献相匹配的原则，明确规定退役军人的政治、生活等待遇与其服现役期间所做贡献挂钩，目的在于树立贡献越大、服务保障越好的鲜明导向，既做好退役军人服务保障，又在具体工作中体现差别，激励广大官兵安心服役、建功军营。对不同类别退役军人的保障标准和保障水平，要根据其对国防和军队建设的贡献大小而定，将服役的年限、地区、岗位、立功受奖情况等指标因素与退役安置、服务保障相联系，在安置、服务、保障等方面体现出区别、区分出层次。例如，在退役安置方面，对退役的军官、军士和义务兵实行不同的安置方式，对伤病残退役军人的移交安置和收治休养作出专门规定，对符合条件的退役军人的子女就学优先保障等；此外，在就业创业、抚恤优待、褒扬激励等方面也实行分类保障政策，对参战、立功受奖、残疾等退役军人给予特殊保障。做好退役军人保障工作，要注重精神激励与物质待遇相结合、相协调，从两方面保障退役军人享有相应的权益。

退役军人的政治待遇，是国家给予退役军人精神激励的重要内容，主要包括以下方面：一是参加党组织生活。军人退出现役后，要继续学习党的文件，接受党的教育，属于党员的，还应当按照党章规定，参加党组织活动，行使党员权利。二是其他政治待遇。如按照有关规定参加重大庆典活动时，可以着退役时的制式军装，佩戴服现役期间和退役后荣获的勋章、奖章、纪念章等徽章；地方人民政府在重大节日等开展走访慰问活动；县级以上地方人民政府负责地方志工作的机构将本行政区域内符合条件的退役军人的名录和事迹，编辑录入地方志；符合条件的退役军人去世后，可以安葬在军人公墓等。

退役军人的生活待遇，主要是指国家根据退役军人服现役期间所做贡献给予退役军人相应的物质待遇。同时，国家还建立健全帮扶援助机制，在养老、医疗、住房等方面，及时对生活困难的退役军人给予物质上的援助，切实帮扶退役军人克服生活困境。

四、国家建立参战退役军人特别优待机制

参战退役军人用鲜血和生命保障了国家安全、民族独立和人民生活的幸福安宁，为国防和军队建设做出了突出贡献，是国家和民族的英雄，值得全社会尊重和关爱。为了树立明确的备战打仗导向，使部队官兵养成闻战则喜、敢于斗争、勇于胜利的尚武品质和战斗精神，激励现役军人在军营建功立业，为国防和军队建设做出更大贡献，表达对参战退役军人的崇高敬意和特殊褒奖，在全社会弘扬参战退役军人的爱国主义精神和革命英雄主义精神，引导树立优待参战退役军人的良好社会风尚，本条第四款专门规定，国家建立参战退役军人特别优待机制。

在法律上规定建立参战特别优待机制，树立参战优先的鲜明导向，是本法的一大创新。本法在退役安置、抚恤优待等各方面对参战退役军人给予重点保障，把参战退役军人作为重点优待对象，明确规定要优先安排工作、提高优待标准，让其既有政治荣誉，又有相应的经济待遇。本法规定的对参战退役军人实行特别优待，主要体现在以下措施：（1）对参战退役军人优先安置；（2）参战退役军人的随迁子女需要转学、入学的，由安置地人民政府教育行政部门优先保障；（3）各级人民政府对参战退役军人，应当提高优待标准；（4）军队医疗机构、公立医疗机构应当对参战退役军人给予优惠；（5）县级以上地方人民政府负责地方志工作的机构应当将本行政区域内参战退役军人的名录和事迹，编辑录入地方志等。退役军人因参战导致伤病残的，还享受以下优待：（1）以供养方式安置的退役军人，由国家供养终身；（2）国家建立伤病残退役军人指令性移交安置、收治修养制度；（3）残疾退役军人有劳动能力和就业意愿的，优先享受国家规定的就业优惠政策；（4）残疾退役军人依法享受抚恤，领取残疾抚恤金等。本法还规定国家弘扬英雄烈士精神；符合条件的退役军人去世后，可以安葬在军人公墓等。在“普惠”退役军人的基础上，从物质和精神两个方面给予参战退役军人“特惠”，充分体现优待政策的公平性和激励性。

考虑到参战退役军人的范围和认定工作比较复杂，本法在附则第八十三条第二款规定，参战退役军人的范围和认定标准、认定程序，由中央军事委员会有关部门会同国务院退役军人工作主管部门等部门规定。

第六条　退役军人应当继续发扬人民军队优良传统，模范遵守宪法和法律法规，保守军事秘密，践行社会主义核心价值观，积极参加社会主义现代化建设。

【条文主旨】

本条是关于退役军人义务的规定。

【条文释义】

一、继续发扬人民军队优良传统

人民军队的优良传统，是指我军在长期战争和建设实践中沿传下来的革命军人特有的思想、作风、纪律、制度以及行为方式等，既包括听党指挥、服务人民、英勇善战等优良传统，又包括艰苦奋斗、实事求是、群众路线等优良作风，集中体现着中华民族自强不息、勇往直前、舍生取义的爱国主义精神、革命英雄主义精神，顾全大局、珍惜荣誉、为国分忧的崇高思想境界和无私奉献、为国为民的优秀品质。

退役军人在人民军队大集体中长期接受教育和锤炼，人民军队的优良传统深深扎根在每位退役军人心间，内化于思想和行动之中。人民军队的优良传统，是值得每位退役军人继续发扬的优秀品质，也是每位退役军人受益终身的精神源泉。军人退役后仍应以身作则、严于律己，继续做人民军队的优良传统的积极实践者和传播者，把人民军队的先进思想、优良作风和高尚品质融入社会生活、工作岗位中去，以身示范成为社会楷模和岗位标兵，为社会发展和文明进步提供源源不断的正能量。特别是退役后的党员，兼具党魂和军魂的精神财富，更应该继续发扬人民军队优良传统，带头传承红色基因、延续红色血脉、展示红色风采。

二、模范遵守宪法和法律

宪法是国家的根本法，是治国安邦的总章程，是特定社会政治经济和思想文化条件综合作用的产物，集中反映各种政治力量的实际对比关系，规定国家根本任务、根本制度、国家机构设置以及公民基本权利义务等内容。我国宪法是国家的根本法，是党和人民意志的集中体现，一切组织和个人的根本活动准则，拥有最高法律效力。法律是由国家制定或认可并以国家强制力保证实施的，反映由特定物质生活条件所决定的统治阶级意志的规范体系。法律是从属于宪法的强制性规范，是宪法的具体化。法律有狭义和广义之分，狭义上讲，法律是指由全国人大及其常委会制定的以法为名的各类法律；广义上讲，法律包括法律、行政法规、军事法规、地方性法规、自治条例和单行条例、部门规章和地方政府规章等，我国立法法有详细规定。这里所说的法律，是指广义上的法律。

全面推进依法治国，建设社会主义法治国家，是实现社会长足进步和国家长治久安的重要保障。维护宪法权威、遵循法律规范，是全民守法的重要内容，是每位公民的基本义务和社会责任。人民军队之所以能够由小到大、从胜利走向胜利，一个很重要的原因就是在党的绝对领导下始终坚持依法治军、从严治军，遵纪守法成为每名军人的生命基因。退役军人身为往日的人民子弟兵、今日的社会主义建设者，长期接受党和国家的教育培养，具有过硬的政治素养和遵纪守法的意识，是国家关心和社会尊重的对象，更应知法、守法、护法，不断强化法治观念，主动维护宪法权威，自觉遵守法律规定，依法维护合法权益，做依法治国理念的维护者和践行者，做遵纪守法的模范。退役军人应当深入学习贯彻习近平法治思想，通过模范遵守宪法和法律，维护社会法治秩序，积极传播法治理念，做党和人民合格的法治卫士。

三、保守军事秘密

军事秘密是国家秘密的重要组成部分，泄露军事秘密可能会对国家安全、国防和军队建设带来严重危害。军人服役期间一定程度上知悉了军事领域的秘密事项，无论在役还是退役都有依法保守军事秘密的义务。一般来说，军事秘密主要包括：国防和武装力量建设规划及实施情况，军事部署，作战和其他重要军事行动的计划及实施情况，军事训练计划及其实施情况，武装力量的组织编制，部队的任务、实力、素质、状态等基本情况，军以下部队及特殊单位的番号，国防动员计划和实施情况，武器装备的研制、生产、配备情况和补充、维修能力，特种军事装备的战术技术性能，军事设施及军事设施保护情况等，这些都需要依法予以保密。

退役军人应当牢固树立保密意识，牢记军人保密守则，时刻保持警惕，做好防间谍保密工作。我国国家安全形势十分严峻，境外势力非法窃取、刺探、收买军事情报案件时有发生。军人在服现役期间知悉的军事秘密，可能在其退役后一段时间内仍未解密。个别军人退役后，保密观念、忧患意识逐渐淡薄，错误地认为退役后不再承担保密责任，通过网络平台、通信群等方式散布、讨论涉密事项，擅自扩大知悉范围，泄露军事秘密内容，成为境外势力窃取我国军事秘密的渠道和对象。军人退役后仍须时刻绷紧保密这根弦，自觉强化保密意识，高度重视保密工作，自觉维护国防安全和军事利益。

四、践行社会主义核心价值观

党的十八大以来，党中央提出了富强、民主、文明、和谐，自由、平等、公正、法治，爱国、敬业、诚信、友善的社会主义核心价值观，要求强化教育引导、实践养成、制度保障，把社会主义核心价值观融入社会发展各个方面，转化为人们的情感认同和行为习惯。在全社会大力倡导核心价值观，引导人们自觉追求和实践中国梦所蕴含的价值理想，能够不断增强人们的道路自信、理论自信、制度自信、文化自信，激发开拓创新、奋发进取的精神力量；用核心价值观引领社会思潮，能够最大程度引导广大干部群众把个人价值追求转化为国家和社会的共同价值取向，更好地凝聚共识、形成合力；用核心价值观解疑释惑、正本清源、指引方向，能够巩固全体人民团结奋斗的共同思想道德基础。

党的十八届三中全会对培育和践行社会主义核心价值观作出了重要阐述，中共中央办公厅印发《关于培育和践行社会主义核心价值观的意见》进行了具体部署。这是我们党在意识形态领域和思想理论建设上的又一重大创新，充分反映了我们党对当今时代发展趋势和我国社会主义核心价值体系建设历史方位的准确把握，体现了我们党在新的历史条件下培育和践行社会主义核心价值体系的高度自觉。我国是发展中大国，又处在前所未有的大变革、大发展时期，尤其离不开用科学的指导思想、共同的理想信念、强大的精神支柱和基本的道德规范来统一思想、凝聚力量。2018 年 5 月，中共中央印发的《社会主义核心价值观融入法治建设立法修法规划》强调，着力把社会主义核心价值观融入法律法规的立改废释全过程，确保各项立法导向更加鲜明、要求更加明确、措施更加有力，力争经过 5 年到 10 年时间，推动社会主义核心价值观全面融入中国特色社会主义法律体系。

在退役军人保障法中规定“践行社会主义核心价值观”，以法律的形式明确表达了国家的价值目标、社会的价值取向、公民的价值准则，把集中反映中国特色、民族特性、时代特征的价值体系作为广大退役军人的行为向导和崇高的人生追求，正是贯彻落实党中央重大决策部署的具体体现。广大退役军人要深入学习、深刻领会社会主义核心价值观的重点要义和内容精髓，始终以社会主义核心价值观为思想引导，以社会主义核心价值观遵循为基本行为准则，以实际行动践行社会主义核心价值观。

五、积极参加社会主义现代化建设

军人来自人民，服务于人民，是人民的子弟兵。军人退出现役回到人民群众中去后，国家在退役安置、教育培训、就业创业、抚恤优待、褒扬激励等方面给予特殊的关心和照顾，全社会也将尊重、关爱退役军人作为共同责任。相应地，军人退役后回归人民，成为广大人民群众的一员，也应履行相应的社会职责，回报人民。

广大退役军人年富力强，在军队受到严格训练，组织性、纪律性和国家观念、集体意识较强，具有过硬的政治素养、果敢的工作作风、可贵的敬业精神、顽强的拼搏意志、良好的团队精神等优秀品质，是党和国家的宝贵财富，是社会主义现代化建设的重要人力资源和人才宝库。

退役军人的社会角色和工作岗位虽有所转变，但忠诚于党、心系祖国、服务人民的信念永不能变，要继续在各行各业的岗位上为祖国社会主义现代化建设做出更大的贡献。退役军人要坚定正确的理想信念，树立崇高的人生追求，及时主动地转变社会角色定位，发挥专长、补足短板，积极参加社会主义现代化建设，继续为国家富强、民族振兴、人民幸福贡献力量。这既是党和国家对退役军人提出的嘱托与要求，也寄予着党和国家对退役军人的殷切期盼，退役军人要做到退役不褪色、转岗不转志，在各行各业各领域更好地发挥先锋模范作用，更好地实现人生价值和人生理想，更好地展现人生风采，以实际行动践行“军人穿上军装是保卫者，脱下军装是建设者，都是中国特色社会主义事业奋斗者”的宣言。

在新的历史时期，一批批退役军人成为改革开放的时代弄潮儿，做出了骄人业绩，成为地方经济社会建设的生力军和突击队，成为弘扬奋力拼搏、开拓进取精神的生动教材；还有的退役军人积极参与基层政权建设、脱贫攻坚、抢险应急等工作，继续发扬退役军人忠诚于党、奉献人民的优良品格，充分发挥退役军人在困难面前冲锋在先的模范带头作用，激励着其他退役军人在不同岗位上为社会主义现代化建设做出更大的贡献。

第七条　国务院退役军人工作主管部门负责全国的退役军人保障工作。县级以上地方人民政府退役军人工作主管部门负责本行政区域的退役军人保障工作。

中央和国家有关机关、中央军事委员会有关部门、地方各级有关机关应当在各自职责范围内做好退役军人保障工作。

军队各级负责退役军人有关工作的部门与县级以上人民政府退役军人工作主管部门应当密切配合，做好退役军人保障工作。

【条文主旨】

本条是关于管理体制的规定。

【条文释义】

一、各级退役军人工作主管部门的职责

党的十九届三中全会审议通过的《中共中央关于深化党和国家机构改革的决定》明确，为维护军人军属合法权益，加强退役军人服务保障体系，建立健全集中统一、职责清晰的退役军人管理保障体制，让军人成为全社会尊崇的职业，将民政部的退役军人优抚安置职责、人力资源和社会保障部的军官转业安置职责，以及中央军委政治工作部、后勤保障部有关职责融合，组建退役军人事务部，作为国务院组成部门。第十三届全国人民代表大会第一次会议审议批准《国务院机构改革方案》，2018 年 4 月 16 日，退役军人事务部正式挂牌。退役军人事务部作为国务院组成部门，负责贯彻落实党中央关于退役军人工作的方针政策和决策部署，在履行职责过程中坚持和加强党对退役军人工作的集中统一领导。主要职责是：履行拟订退役军人思想政治、管理保障和安置优抚等工作政策法规并组织实施，褒扬彰显退役军人为党、国家和人民牺牲奉献的精神风范和价值导向，负责军队转业干部、复员干部、离退休干部、退役士兵和无军籍退休退职职工的移交安置工作和自主择业、就业退役军人服务管理、待遇保障工作，组织指导退役军人教育培训、优待抚恤、帮扶援助等，组织指导全国拥军优属工作，负责烈士及退役军人荣誉奖励、军人公墓维护以及纪念活动等职责。县级以上地方人民政府组建退役军人工作主管部门，受当地党委、政府领导，负责本行政区域的退役军人保障工作。退役军人事务部负责全国的退役军人保障工作，对地方退役军人工作主管部门进行业务指导。

目前，统一管理、高效运行的退役军人保障工作体系已基本建立，“合理精简、适度整合、提升效能”机构改革目标基本实现，相关工作取得突出成绩，实践充分证明党和国家的决策是完全正确的。县级以上人民政府专门设立退役军人工作主管部门，建立健全退役军人工作组织管理体系、工作运行体系，充分体现了党和国家对做好新时代退役军人保障工作的高度重视，充分体现了党和国家对广大退役军人的关心厚爱。

制定退役军人保障法，把党和国家机构改革的成功实践成果总结转化为法律规定，以法律的形式明确退役军人工作主管部门的职责，对于规范退役军人保障工作体制、提高工作质量和效率、统筹解决矛盾问题具有重要意义。

二、其他与退役军人工作相关部门的职责

退役军人保障工作包括退役安置、教育培训、就业创业、抚恤优待等多个方面，涉及党政军多个部门。除退役军人工作主管部门外，中央和国家机关其他有关部门还包括中央组织部、中央宣传部、中央编办、教育部、民政部、财政部、人力资源和社会保障部、文化和旅游部、国家医保局等部门；中央军事委员会有关部门，包括中央军委政治工作部、后勤保障部、国防动员部等部门；地方各级有关机关也包括上述相关的部门。各有关部门要依照本法相关规定，在各自职责范围内协同做好退役军人保障相关工作。

三、有关部门应当密切配合做好退役军人保障工作

军人退役后到地方安置，需要高效便捷地转移接续人事档案、户籍、保险关系和相应资金等，及时做好接收安置，开展教育培训、就业创业、抚恤优待、困难帮扶等工作，并解决好随调配偶的工作安排、随迁子女的就学等。以上问题的顺利解决，不仅需要军队积极协助提供相关资料、办理相关手续等，更需要中央和地方各级编制、财政、民政、教育等部门以高度的责任感、使命感，克服各种实际困难，给予大力支持。有关部门应当加强沟通、分工负责、密切配合、通力合作，把支持深化国防和军队改革、保障退役军人合法权益当作分内之事，带着感情、满怀热情地扎实做好退役军人保障工作，确保党中央决策部署得到全面贯彻，有关法律规定得到有效执行，让退役军人真切感受到党和国家的关怀、人民群众的关爱。军队各级负责退役军人有关工作的部门与县级以上人民政府退役军人工作主管部门，作为主责部门，应当密切配合，做好退役军人保障工作。

第八条　国家加强退役军人保障工作信息化建设，为退役军人建档立卡，实现有关部门之间信息共享，为提高退役军人保障能力提供支持。

国务院退役军人工作主管部门应当与中央和国家有关机关、中央军事委员会有关部门密切配合，统筹做好信息数据系统的建设、维护、应用和信息安全管理等工作。

【条文主旨】

本条是关于信息化建设的规定。

【条文释义】

一、加强信息化建设的重要性

大数据、云计算、人工智能、区块链等信息技术迅猛发展，已经深度融入我国经济社会各个方面，改变和影响着人们的社会活动和生活方式，也对退役军人保障工作的信息化建设提出了新的要求。加强退役军人保障工作信息化建设、规范退役军人信息资源管理，以信息化推动退役军人保障工作现代化，是落实党中央关于退役军人保障工作决策部署的重要举措，是维护社会发展和国防建设稳定的客观需要，是保障退役军人合法权益的必然要求，有利于有效提升退役军人保障工作水平，增强退役军人工作主管部门的履职尽责能力。因此，围绕国家信息化发展战略，根据退役军人保障工作职责履行的需求，以“服务导向、统筹规划、融合创新、安全可控”为原则，整合退役军人数据资源、加快信息技术融合应用，建设“统一、智慧、融合、便捷、可靠”的退役军人事务信息化体系十分必要，有利于为全国退役军人工作主管部门提供上下协同的信息化支撑，为退役军人政策制定提供高效便捷的信息化保障，为退役军人提供精细精准专属的信息化服务，更好服务经济社会发展、国防和军队建设。

二、信息化建设的主要内容

根据本条第一款的规定，国家加强退役军人保障工作信息化建设。目前国务院退役军人工作主管部门牵头在以下三方面开展退役军人保障工作信息化建设：一是以服务退役军人和其他优抚对象、服务科学管理为根本，构筑“退役军人服务＋互联网”平台，为退役军人提供生活、就业、创业、居住等全面、立体、综合化服务；构建全国退役军人综合管理平台，提高各级退役军人工作主管部门政务办公和业务执行能力；建立应用支撑平台，提高应用系统建设效率，解决互联互通问题；建设集约、高效、安全的基础运行环境，服务保障退役军人信息化建设。二是加强退役军人数据库建设，为政府部门科学决策、精准服务提供数据支撑和参考依据。借助信息技术和大数据提供便捷、精准服务，以信息化推进退役军人工作现代化。三是深刻把握退役军人工作的特质特征，整合汇聚中央和国家有关机关、中央军事委员会有关部门的信息数据，实现有关部门之间信息共享。

三、加强信息化工作的管理

退役军人的信息涉及多个部门，信息化建设是提升退役军人保障工作管理水平的重要手段，根据本条第二款的规定，国务院退役军人工作主管部门应当与中央和国家有关机关、中央军事委员会有关部门密切配合，统筹做好信息数据系统的建设、维护、应用和信息安全管理等工作。有关部门应当加强协作，做好信息化管理工作，共同推进退役军人保障工作的现代化管理。

第九条　退役军人保障工作所需经费由中央和地方财政共同负担。退役安置、教育培训、抚恤优待资金主要由中央财政负担。

【条文主旨】

本条是关于经费保障的规定。

【条文释义】

一、关于经费负担的主体

党的十八届三中全会通过的《中共中央关于全面深化改革若干重大问题的决定》明确，适度加强中央事权和支出责任，国防、外交、国家安全、关系全国统一市场规则和管理等作为中央事权；部分社会保障、跨区域重大项目建设维护等作为中央和地方共同事权，逐步理顺事权关系；区域性公共服务作为地方事权。中央和地方按照事权划分相应承担和分担支出责任。中央可通过安排转移支付将部分事权支出责任委托地方承担。对于跨区域且对其他地区影响较大的公共服务，中央通过转移支付承担一部分地方事权支出责任。

退役军人保障工作所需的经费，是保障退役军人合法权益落实到位的基础。国家高度重视退役军人经费的保障问题，曾经先后出台了相关的政策法规，作出明确规定，例如，《军队转业干部安置暂行办法》规定，军队转业干部安置经费，分别列入中央财政、地方财政和军费预算，并根据经济社会发展，逐步加大投入。军队转业干部培训经费不足部分由地方财政补贴。安置业务经费由本级财政部门解决。自主择业的军队转业干部的退役金，由中央财政专项安排。《退役士兵安置条例》规定，退役士兵安置所需经费，由中央和地方各级人民政府部门共同负担。

在此基础上，本法明确规定，退役军人保障工作所需经费由中央和地方财政共同负担。

二、关于具体资金的负担

在立法过程中，有的意见提出，在明确退役军人保障工作所需经费由中央和地方财政共同负担的基础上，退役军人保障法还应当规定哪些经费由中央财政负担，哪些经费由地方财政负担。经反复研究，本法规定，退役安置、教育培训、抚恤优待资金主要由中央财政负担。具体负担情况，按照国家有关规定执行。

（一）退役安置资金

退役安置资金主要包括：一是离退休人员经费。保障对象为军队移交地方安置的离休退休干部和无军籍退休退职职工。内容主要包括基本离退休费、生活补助、医疗费、福利费、家属遗属生活补助费等。二是服务管理机构经费。主要用于服务管理机构的人员经费、日常公用经费、离退休干部住房维修、机构开办费及机构用房保障经费等。三是退役军官安置经费。保障对象为以转业、自主择业、复员等方式妥善安置的退役军官。内容主要包括退役军官退役金及服务管理费。四是退役士兵安置经费。内容主要包括自主就业退役士兵的一次性退役金及1级至4级分散供养的残疾退役士兵购（建）房经费等。上述经费按照国家有关规定执行，主要由中央财政负担。

（二）教育培训资金

教育培训资金主要包括：一是退役军官教育培训经费。内容主要包括对退役军官进行的适应性培训、专项教育培训和专业培训等。二是退役士兵教育培训经费。内容主要包括对退役士兵进行的适应性培训、职业教育和技能培训等。上述经费按照国家有关规定执行，主要由中央财政负担。

（三）抚恤优待资金

抚恤优待资金主要包括：一是优抚对象抚恤补助资金。内容主要包括为符合条件的退役军人和其他优抚对象发放的定期或一次性抚恤补助金。二是优抚对象医疗补助资金。保障对象为符合条件的残疾军人、“三属”（烈士遗属、因公牺牲军人遗属、病故军人遗属）、在乡老复员军人、带病回乡退伍军人、参战退役人员等。内容主要包括为参保参合以及享受城乡基本医疗保障制度规定待遇后个人医疗费用负担较重的人员发放的医疗补助。三是褒扬纪念和优抚事业单位补助资金。保障对象为国家级烈士纪念设施、光荣院、优抚医院、全国重点军供站等优抚事业单位。内容主要包括维修改造、设备购置更新、环境整治美化、重点专业科室建设以及陈展宣传等相关工作。上述经费按照国家有关规定执行，主要由中央财政负担。

第十条　国家鼓励和引导企业、社会组织、个人等社会力量依法通过捐赠、设立基金、志愿服务等方式为退役军人提供支持和帮助。

【条文主旨】

本条是关于社会参与的规定。

【条文释义】

我国退役军人人数众多，情况各异，除政府部门依法履职外，还应当调动社会力量参与对退役军人的支持和帮助，形成合力，努力提供精准、到位、“一对一”的支持和服务，满足退役军人多样化的需求，全面落实十九届四中全会《中共中央关于坚持和完善中国特色社会主义制度　推进国家治理体系和治理能力现代化若干重大问题的决定》提出的“鼓励支持社会力量兴办公益事业，满足人民多层次多样化需求”的要求，有效动员各方面力量，构建多层次、多方式、多元化的退役军人保障和服务体系，为退役军人提供更加方便、快捷、优质、高效的服务。

根据本条规定，国家鼓励和引导企业、社会组织、个人等社会力量为退役军人提供支持和帮助。其中社会组织主要包括：（1）社会团体，即公民自愿组成，为实现会员共同意愿开展活动的非营利性社会组织，主要类型有协会、研究会等。（2）基金会，即利用自然人、法人或者其他组织捐赠的财产，以从事公益事业为目的的非营利性法人。（3）社会服务机构，即企业事业单位、个人和其他社会力量利用非国有资产举办的，从事非营利性社会服务活动的社会组织，主要类型有社会工作服务机构等。企业、社会组织和个人对退役军人提供支持和帮助的方式主要有：一是捐赠。捐赠是自愿、无偿将自己的财产赠与他人的行为。捐赠的对象可以是为退役军人服务的社会组织，也可以是退役军人本人。二是设立基金。企业、社会组织或者个人可以发起设立退役军人关爱基金，也可以将财产捐赠给基金会，让基金会设立专门为退役军人服务的基金项目，为适合条件的退役军人提供经济方面的资助。三是提供志愿服务。企业、社会组织或者个人可以对退役军人开设就业、教育等方面的培训，对残疾退役军人、老年退役军人提供生活照料等方式为退役军人提供无偿的志愿服务。

第十一条　对在退役军人保障工作中做出突出贡献的单位和个人，按照国家有关规定给予表彰、奖励。

【条文主旨】

本条是关于表彰奖励的规定。

【条文释义】

一、对退役军人保障工作表彰、奖励的重要意义

我国历来十分重视退役军人保障工作的表彰、奖励工作，在有关政策法规中均作出相应规定。例如，《退役士兵安置条例》规定，对在退役士兵安置工作中做出突出贡献的单位和个人，按照国家有关规定给予表彰、奖励。《军队转业干部安置暂行办法》规定，对在社会主义现代化建设中贡献突出的军队转业干部和在军队转业干部安置工作中做出显著成绩的单位、个人，国家和军队给予表彰奖励。

通过对退役军人工作先进的表彰，有助于弘扬正能量，在全社会营造支持国防和军队建设、关心爱护退役军人的浓厚氛围，充分发挥先进典型的示范引领作用，进一步增强地方各级人民政府、党政军各级部门和各界的国防意识，以及对退役军人保障工作的支持、重视，更好地激励广大退役军人珍惜荣誉、永葆本色、担当新使命、奋进新时代，进一步推动各级退役军人管理保障机构及干部职工不忘初心、履职担当，开拓退役军人保障工作的新局面。

二、对退役军人保障工作表彰、奖励的具体做法

根据本条规定，对在退役军人保障工作中做出突出贡献的单位和个人，按照有关规定给予表彰、奖励。2020 年 1 月，为了规范退役军人事务领域表彰奖励工作，进一步推动退役军人事务领域表彰奖励规范化科学化，激励广大退役军人建功新时代、激励退役军人事务系统展现新作为，中共中央组织部、人力资源和社会保障部、退役军人事务部、中央军委政治工作部等军地相关部门联合印发《退役军人事务工作表彰奖励办法》，明确规定退役军人事务领域表彰奖励设置三个常设项目：一是“全国模范退役军人、全国退役军人工作模范单位及个人”，表彰周期 5 年；二是“全国双拥模范城（县）、全国双拥模范单位和全国双拥模范个人”，表彰周期 4 年；三是“退役军人服务保障先进单位及个人（含军休工作先进单位及个人、先进军休干部）”，表彰周期 5 年，一般在项目表彰后 2 年至 3 年实施。其中，全国模范退役军人、全国退役军人工作模范个人、全国爱国拥军模范个人、全国拥政爱民模范个人获得者，享受省部级表彰奖励获得者待遇，军队人员获奖者享受待遇，按军队有关规定执行。为凸显评选表彰面向基层和生产一线，《退役军人事务工作表彰奖励办法》还明确规定，评选表彰不评选副司局级或者相当于副司局级以上单位和干部（含军队文职人员），处级干部比例控制在 20% 以内。此外，《退役军人事务工作表彰奖励办法》还对退役军人事务领域表彰奖励的范围名额、表彰方式、任务分工、表彰程序、表彰监督等进行了系统规范。

第二章　移交接收

本章共8条，主要规范了编制计划、移交接收责任主体和安置地、报到、退役军人优待证、档案移交、户口登记、保险关系转移接续、移交接收衔接机制等制度。

第十二条　国务院退役军人工作主管部门、中央军事委员会政治工作部门、中央和国家有关机关应当制定全国退役军人的年度移交接收计划。

【条文主旨】

本条是关于编制计划的规定。

【条文释义】

一、制定全国退役军人年度移交接收计划的必要性

有计划地组织实施退役军人的移交、接收，是我国多年来退役军人安置工作的成功经验，是规范退役军人安置工作的重要基础。我国每年都有一批军人退出现役，需要移交政府进行安置。制定年度全国退役军人移交接收计划，有利于充分运用政策的导向性和计划的严肃性，规范退役军人移交接收工作。以往主要是制定相应的政策法规，统一部署开展工作。为了进一步规范计划的制定工作，本法将退役军人年度移交接收计划的制定这一做法上升为法律。

二、全国退役军人年度移交接收计划的制定主体

本条所称“国务院退役军人工作主管部门”是指退役军人事务部。根据职责分工和管理权限，全国退役军人年度移交、接收计划由退役军人事务部、中央军委政治工作部及中央和国家有关机关部门共同编制、分类下达，一般分为退役军官和退役士兵移交接收计划，符合条件退役军官的随调随迁配偶子女接收计划一并下达。

第十三条　退役军人原所在部队应当将退役军人移交安置地人民政府退役军人工作主管部门，安置地人民政府退役军人工作主管部门负责接收退役军人。

退役军人的安置地，按照国家有关规定确定。

【条文主旨】

本条是关于移交接收责任主体和安置地的规定。

【条文释义】

做好退役军人移交安置工作，是军地双方共同的责任。进入新时代，随着军队各项改革向纵深推进，对加强军地移交接收工作提出更高要求，需要进一步增强刚性约束，加强业务衔接，健全军地移交工作机制，提升退役军人移交安置工作的严肃性和协同性。本条第一款对退役军人移交接收职责进行明确定位，压实退役军人原所在部队、安置地人民政府退役军人工作主管部门的主体责任。第二款规定按照国家有关规定确定退役军人安置地。

一、关于退役军人移交、接收主体

依法开展退役军人移交接收工作，是退役军人原所在部队、安置地人民政府退役军人工作主管部门的共同责任和义务。

第一，退役军人原所在部队的责任义务。退役军人安置计划下达后，退役军人原所在部队应当区分不同安置方式，及时为其办理各种手续，积极同安置地人民政府退役军人工作主管部门对接，做好人员、档案、保险关系等的移交工作。

第二，安置地人民政府退役军人工作主管部门的责任义务。安置地人民政府退役军人工作主管部门应当按照移交接收计划，做好相关接收工作，协助公安机关做好户口登记工作，认真审查退役军人报到材料，积极办理符合接收条件的退役军人接收手续。其中，对转业的退役军官和符合安排工作条件的退役士兵，要按规定及时落实工作岗位；对以逐月领取退役金、复员、退休、供养等方式安置的，要按规定落实相关待遇；对以自主就业方式安置的，要积极帮助其就业创业，并按规定给予相关政策优惠。对自主就业和非集中移交的安排工作退役士兵，拟作退档处理的，安置地退役军人工作主管部门应当及时与其原部队沟通协商，确须退档的，应当向部队出具书面说明，并逐级上报省级人民政府退役军人工作主管部门备案。

二、关于退役军人安置地的确定

退役军人安置地的确定，坚持以人为本，主要从有利于退役军人工作生活的基本原则出发，结合相关规定条件和本人意愿，合理确定。

退役军人移交安置，主要分为依托本人安置、依托配偶安置和依托父母安置三种，具体适用条件由国家另行规定。退役军人一般由其原籍或入伍时所在省（区、市）负责接受安置，符合条件的也可以到其配偶随军前或者结婚时常住户口所在地或者配偶现常住户口所在地安置。对无配偶的退役军官，可以比照军队规定的配偶随军条件到部队驻地安置，符合规定条件的也可以到父母任何一方常住户口所在地安置。

此外，为了树立“重牺牲奉献、重实绩贡献”的鲜明导向，国家还对夫妻双方同为军人的、立功受奖的、在艰苦边远地区和特殊岗位上服役达到一定年限等若干特殊情况的退役军官，在安置地确定上给予一定照顾，适当放宽去向条件。易地安置到北京、上海、天津、重庆、广州以及其他严格控制人口规模的特大城市，还应当符合当地落户的相关规定。

考虑到安置地确定问题比较复杂，综合各方面意见，本法作了原则规定，具体由配套政策法规规定。

第十四条　退役军人应当在规定时间内，持军队出具的退役证明到安置地人民政府退役军人工作主管部门报到。

【条文主旨】

本条是关于报到的规定。

【条文释义】

退役军人到安置地人民政府退役军人工作主管部门办理报到登记，是移交接收的一个重要环节。本条规定主要包括两方面内容：一是在规定时间内报到；二是持军队出具的退役证明到安置地人民政府退役军人工作主管部门报到。

一、关于退役军人报到时间

退役军人安置是一项计划性很强的工作，有明确时间要求，各项工作应当按照时间要求及时完成。退役军人所在部队应当开展政策宣讲，使退役军人了解掌握相关政策特别是关于报到时间和程序的规定，知晓退役后的安置待遇、报到规定和违规承担的责任。部队所在地退役军人事务局应当为部队开展政策宣讲提供支持和协助。考虑到各种安置方式的时间要求有所不同，本法原则规定“应当在规定时间内”这一要求，具体按照有关政策法规执行。

军队转业和离退休干部离队后接到部队关于到安置地报到的通知后，应当按照通知要求的报到时限办理报到手续。退休士官和国家供养退役士兵，通常根据移交、接收和安置的具体情况确定报到时间。退休军官的报到程序，参照移交政府安置的军队退休干部的有关规定执行。集中移交的安排工作退役士兵应当在接收安置通知书规定的时间内，自主就业退役士兵和非集中移交的安排工作退役士兵应当自被批准退出现役之日起30日内办理报到登记手续。

实践中，军地双方有很多好的经验做法。例如，有的部队在移交退役士兵档案时一并提供退役士兵家庭住址、联系电话和部队工作人员姓名、联系电话。这样一来，安置地退役军人工作主管部门在收到退役士兵档案后，就能够及时对临近报到期限但仍未报到的退役士兵进行督促提醒，同时联系其家庭所在地乡镇人民政府（街道办事处）退役军人服务站督促退役士兵按时报到，明确告知其报到相关规定、报到时限以及不按时报到的责任等事项。

二、关于军队出具的退役证明

军队出具的退役证明是军人退役的重要凭证。军队转业干部，一般持师以上机关开具行政、组织、工资、保险等相关介绍信到地方报到。退役士兵持退出现役证件、介绍信（集中移交的还应有接收安置通知书）到安置地退役军人工作主管部门办理报到登记。此外，报到时安置地人民政府退役军人工作主管部门还应查看军人退役养老保险关系转移凭证原件等材料。

第十五条　安置地人民政府退役军人工作主管部门在接收退役军人时，向退役军人发放退役军人优待证。

退役军人优待证全国统一制发、统一编号，管理使用办法由国务院退役军人工作主管部门会同有关部门制定。

【条文主旨】

本条是关于退役军人优待证的规定。

【条文释义】

对现役军人军属、退役军人和其他优待对象实施优待，是我们党和国家的一贯做法。长期以来，从中央到地方都出台了一系列拥军优属的政策法规，为这项工作的开展奠定了坚实基础。优待政策的落实依赖于精准识别退役军人身份，既往优待政策以政府优待为主，主要依据退役军人的档案材料确认身份，并给予相应优待。随着经济社会和优待工作的发展，政府优待逐渐拓展，社会优待加速发展，需要确认退役军人身份的场景日益丰富，很多场景只能依据军人退役时部队发放的有关证件确认身份，如军官转业证书、士兵退出现役证明书、离休干部荣誉证、军官退休证、文职干部退休证、退休士官证等。但是，出于不同历史时期证件样式不同、证件遗失等原因，有时对象身份难以确认，影响了优待政策的落实。为切实提升退役军人的获得感，河北等地进行了有益探索，为退役军人发放优待证，作为享受相关优待的有效凭证，取得良好效果。

为适应新时代优待工作发展的需要和对象的期待，在总结地方经验基础上，2020 年 1 月，退役军人事务部等部门出台的《关于加强军人军属、退役军人和其他优抚对象优待工作的意见》，明确提出建立优待证制度，国家坚持统筹兼顾、稳步推进的原则，充分运用信息技术手段，逐步为退役军人和“三属”统一制作办理优待证，作为享受相应优待的有效证件。

本条对优待证进行规定，从法律层面明确了优待证制度。其中，“安置地人民政府退役军人工作主管部门在接收退役军人时，向退役军人发放退役军人优待证”，重点明确了本法施行后退役军人申领优待证的时间节点，确保无缝衔接；“退役军人优待证全国统一制发”是为了实现优待证样式全国统一，便于社会辨识；“统一编号”是为后续深化信息化服务、提高便捷度奠定基础。同时，优待证的管理使用涉及各个部门，因此，相关管理使用办法应由国务院退役军人工作主管部门会同有关部门制定。

第十六条　军人所在部队在军人退役时，应当及时将其人事档案移交安置地人民政府退役军人工作主管部门。

安置地人民政府退役军人工作主管部门应当按照国家人事档案管理有关规定，接收、保管并向有关单位移交退役军人人事档案。

【条文主旨】

本条是关于档案移交的规定。

【条文释义】

军人档案是军人入伍、履历、政治思想、服役表现、晋级晋衔晋职、伤病残情况、家庭及社会关系等的历史记载，是全面了解军人服役经历、确定其退役后各项待遇的依据，是国家档案的重要组成部分。军人所在部队对人事档案负有保管义务，并在军人退役时按国家有关规定进行流转和移交。

本法对退役军人的档案移交作了原则规定，由安置地退役军人工作主管部门按照国家档案管理有关规定办理。军人退役之前，所在部队应按有关规定整理其档案材料。军人退役时，所在部队政治工作部门应把退役军人档案移交给安置地县级以上人民政府退役军人工作主管部门。军队、地方有关部门之间要加强沟通，在各自职责范围内为对方核查提供便利和协助，涉及档案的补充材料应当按照档案移交程序进行移交。军人档案应当要素齐全、内容规范、真实无误、完好无损，转递手续齐备、安全保密。退役军人个人不得自行携带、保管档案。

安置地人民政府退役军人工作主管部门接收退役军人人事档案后，应当按照《中华人民共和国档案法》《中华人民共和国档案法实施办法》等法律法规和规章制度管理退役军人档案，依法对部队组织移交的档案进行审核，在此过程中，军地双方要密切沟通，加强配合。退役军人工作主管部门接收退役军人档案后，还需根据退役军人安置等情况，向有关单位移交退役军人的人事档案。这里所说的“有关单位”，通常是指具有人事档案管理权限的单位，包括国家机关、群团组织、事业单位、国有企业和各地的人才交流中心等。

第十七条　安置地人民政府公安机关应当按照国家有关规定，及时为退役军人办理户口登记，同级退役军人工作主管部门应当予以协助。

【条文主旨】

本条是关于户口登记的规定。

【条文释义】

公民入伍后，需注销其户口。军人退役后，应重新进行户口登记。根据《中华人民共和国户口登记条例》第十一条规定，被征集服现役的公民，在入伍前，由本人或者户主持应征公民入伍通知书向常住地户口登记机关申报迁出登记，注销户口，不发迁移证件。据此，公民被批准服现役的，本人、父母或者户主应当凭入伍通知书、居民户口簿，在入伍前向户口所在地派出所申报注销户口登记。《中华人民共和国户口登记条例》第十三条第二款第（一）项规定，复员、转业和退伍的军人，凭县、市兵役机关或者团以上军事机关发给的证件，到迁入地的户口登记机关申报迁入登记。

为了做好退役军人户口登记工作，本条明确了安置地人民政府公安机关、同级退役军人工作主管部门的责任。安置地退役军人工作主管部门在退役军人报到后及时为其开具户口登记介绍信，公安机关据此为退役军人办理户口登记手续。安置地退役军人工作主管部门要主动协调相关部门为退役士兵提供优质服务，在退役士兵集中报到时段，通过设置专门窗口，开展“一站式”服务，方便退役士兵办理落户等手续。

此外，入伍的高校应届毕业生以自主就业方式退出现役后1年内，还可参照普通高等学校应届毕业生，凭用人单位录（聘）用手续，向就读高校再次申请办理就业报到证。各地公安机关依据退出现役高校毕业生所持的《全国普通高等学校毕业生就业报到证》，为其办理从原籍到工作所在地的户口迁移手续。计划分配军转干部在落实接收单位后，可以凭退役军人工作主管部门开具的《落户通知书》，向所在地公安机关户籍部门办理落户手续。

第十八条　退役军人原所在部队应当按照有关法律法规规定，及时将退役军人及随军未就业配偶的养老、医疗等社会保险关系和相应资金，转入安置地社会保险经办机构。

安置地人民政府退役军人工作主管部门应当与社会保险经办机构、军队有关部门密切配合，依法做好有关社会保险关系和相应资金转移接续工作。

【条文主旨】

本条是关于保险关系转移接续的规定。

【条文释义】

一、退役军人的保险关系和相应资金的转移接续

保险是社会保障制度的重要组成部分，涉及每个公民的切身利益。为规范军人保险关系，维护军人合法权益，我国于2012年颁布了军人保险法，规定国家建立军人保险制度，退役养老保险、退役医疗保险和随军未就业的军人配偶保险的建立、缴费和转移接续等适用该法，由军队后勤（保障）部门负责承办军人保险登记、个人权益记录、军人保险待遇支付等工作，军队后勤（保障）部门和地方社会保险经办机构，按照各自职责办理军人保险与社会保险关系转移接续手续。军人退出现役后参加职工基本养老保险、职工基本医疗保险的，由军队后勤（保障）部门将军人退役养老保险、退役医疗保险关系和相应资金转入地方社会保险经办机构，地方社会保险经办机构办理相应的转移接续手续；军人退出现役后参加城乡居民基本养老保险、城乡居民基本医疗保险的，按照国家有关规定办理。

与军人保险法相配套，相关部门就退役基本养老保险的转移接续颁发了多个文件，进一步对军人退役基本养老保险关系和相应资金的转移接续问题作出细化规定。军队各级后勤（保障）部门，负责军人退役基本养老保险补助的计算、审核、划转工作，各级人民政府人力资源和社会保障部门负责军人退役基本养老保险关系接续和补助资金接收工作。退役基本养老保险补助由军人所在单位财务部门在军人退出现役时一次算清记实，具体计算和转移接续办法按照相关政策文件的规定执行。

军官、文职干部、军士和城镇入伍的义务兵退出现役时，由所在单位后勤（保障）部门办理军人退役医疗保险个人账户转移手续，并及时将本人退役医疗保险个人账户资金从银行汇至接收安置地区的社会保险经办机构。接收安置地区的社会保险经办机构按照城镇职工基本医疗保险管理的有关规定，为退役军人建立（或续接）城镇职工基本医疗保险个人账户。

二、随军未就业配偶的保险关系和相应资金的转移接续

国家为随军未就业的军人配偶建立养老保险、医疗保险等，随军未就业的军人配偶参加保险，应当缴纳养老保险费和医疗保险费，国家给予相应的补助。随军未就业的军人配偶实现就业或者军人退出现役时，由军队后勤（保障）部门将其养老保险、医疗保险关系和相应资金转入地方社会保险经办机构，地方社会保险经办机构办理相应的转移接续手续。随军未就业的军人配偶达到国家规定的退休年龄时，按照国家有关规定确定退休地，由军队后勤（保障）部门将其养老保险关系和相应资金转入退休地社会保险经办机构，享受相应的基本养老保险待遇。

三、有关部门做好有关社会保险关系和相应资金转移接续工作

军人退出现役后，服役期间其本人及随军未就业配偶参加的各项保险关系和相应资金需转移到安置地。做好退役军人及随军未就业配偶的保险关系和相应资金的转移接续工作，是退役军人移交接收工作的重要内容，也是社会保障体系建设的重要组成部分。我国每年有大量军人退出现役，回到地方各个工作岗位，如何方便、快捷、准确地转移接续好各项保险关系和相应资金，关系到广大退役军人及随军未就业配偶的切身利益，关系到军队建设和社会和谐稳定。

退役军人及随军未就业配偶的保险关系和相应资金的转移接续工作，涉及多个环节、多个军地部门，相关部门多次就相关问题联合出台规范性文件、下发工作通知等，为加强部门之间的沟通协调提供了制度依据，有力促进了转移接续工作的顺利开展，但实际工作中仍然存在一些转移信息不对称、资金信息不明晰、保障服务不到位的问题。安置地人民政府退役军人工作主管部门与社会保险经办机构、军队有关部门需要加强沟通协调，加快完善信息对接系统，做到经办流程清晰明了、手续衔接畅通无阻、资金转移安全快捷，切实做好有关社会保险关系和相应资金转移接续各项工作。

考虑到有关法律法规和政策文件已经对保险及衔接相应问题作了规定，退役军人保障法草案最初没有再规定保险关系接续问题。在立法过程中，有的意见提出，保险关系转移接续是退役军人比较关心的问题，建议退役军人保障法也对此作出规定。根据上述意见，本法参考了军人保险法等法律相关规定，增加了这一条款。

第十九条 退役军人移交接收过程中，发生与其服现役有关的问题，由原所在部队负责处理；发生与其安置有关的问题，由安置地人民政府负责处理；发生其他移交接收方面问题的，由安置地人民政府负责处理，原所在部队予以配合。

退役军人原所在部队撤销或者转隶、合并的，由原所在部队的上级单位或者转隶、合并后的单位按照前款规定处理。

【条文主旨】

本条是关于移交接收衔接机制的规定。

【条文释义】

退役军人移交接收涉及军地单位多、时间跨度长、职能交叉重叠、协调难度大。退役军人移交接收过程中发生问题，应当按照有关法律法规和规章制度妥善处理。本条明晰职责边界、细化责任分工，压实军地工作责任，促使部队、安置地人民政府把担子担实、责任扛实，健全完善军地联合机制，形成齐抓共管的合力，强力推进工作落实，高标准把退役军人移交接收工作完成好。

一、与服现役有关问题的处理

与服现役有关的问题，包括服役期间的职务及等级、服役年限、服役贡献、奖惩情况、伤病残情况、在艰苦边远地区或特殊岗位服役情况等方面的问题。考虑到该类问题通常发生在服现役期间，与原所在部队密切相关，为便于查明客观事实、理清问题根源并提出解决方案，规定该类问题由原所在部队负责处理。

二、与安置有关问题的处理

与安置有关的问题，包括安置地的确定、安置方式的适用、退役待遇标准、随调配偶工作安排、随迁子女入学等方面的问题。退役军人的安置工作，由安置地人民政府退役军人工作主管部门负责，处理与退役军人安置有关的问题，属于安置地人民政府的法定职责。安置地人民政府处理以上问题时，需要原所在部队协助的，原所在部队负有积极配合的法定义务，应当支持安置地人民政府解决相关问题。

三、其他问题的处理

除服现役、安置有关的问题外，对于移交接收方面的其他问题，本法作了兜底性规定。对于这些问题，规定由安置地人民政府负责处理，帮助退役军人解决移交接收过程中面临的各种各样问题，推动移交接收工作顺利开展。安置地人民政府处理以上问题时，需要原所在部队协助的，原所在部队负有积极配合的法定义务，应当支持安置地人民政府解决相关问题。做好退役军人移交接收工作，要切实增强责任意识和担当意识，确保移交接收工作顺利开展。军队和地方要加强协作配合，突出问题导向，相互配合、相互支持，共同努力克服困难，不断完善移交接收程序，畅通移交接收渠道，依法依规解决问题、化解矛盾。

此外，如果退役军人原所在部队撤销或者转隶、合并，即原所在部队已不存在，则本应由原所在部队处理的事项，既可以由原所在部队的上级单位处理，也可以由原所在部队的权利义务承受人，即转隶、合并后的单位处理。在具体工作中，涉及军地双方共同处理的问题，主要负责处理方应主动加强沟通协调，军地双方应相互支持配合，促进问题及时、妥善处理。

第三章　退役安置

本章共11条，主要规范了安置责任、退役军官安置方式、退役军士安置方式、退役义务兵安置方式、安置方式适用条件、转业军官以及安排工作的军士和义务兵接收安置单位范围和优先安置、编制和待遇保障、退役后身份转换时待遇调整、伤病残退役军人安置、拥军优属和家属安置、对国务院和中央军委的授权等内容。

第二十条　地方各级人民政府应当按照移交接收计划，做好退役军人安置工作，完成退役军人安置任务。

机关、群团组织、企业事业单位和社会组织应当依法接收安置退役军人，退役军人应当接受安置。

【条文主旨】

本条是关于安置责任的规定。

【条文释义】

一、关于地方各级人民政府的责任

党和国家历来高度重视退役军人安置工作，在不同历史时期颁布了一系列关于退役军人安置的政策性文件，特别是党的十八大以来，先后制定出台了一系列政策规定，军地进一步调整完善工作机制，利好政策不断出台落地。各级人民政府及其有关部门采取多种措施，畅通退役安置渠道，探索实行量化赋分、积分选岗、双向选择等多种形式相结合的安置办法，不断加大退役军人安置力度，提高退役军人安置质量。各地结合实际情况，力所能及地为退役军人安置创造优厚条件，拓宽退役军人就业渠道。

为了进一步明确、强化地方各级人民政府的主体责任，本法规定，地方各级人民政府应当按照移交接收计划，做好退役军人安置工作，完成退役军人安置任务。妥善安置退役军人是政治任务，各级党委、政府应当把安置好退役军人作为关系国防和军队建设、关系地方经济社会发展的一件大事和一项特殊政治任务摆在突出位置，进一步健全完善工作落实的机制措施，通过将退役军人安置工作纳入目标管理、实行安置工作责任制和考核评价制度等方式，确保安置工作任务到人、责任到人。地方各级人民政府应当遵循分类保障的原则，坚持公开、公平、公正，妥善安置、合理使用，进一步做好退役军人安置工作。

二、关于接收安置单位的义务

机关、群团组织、企业事业单位及各类社会组织，不分单位性质和组织形式，都应依法接收安置退役军人。机关、群团组织、事业单位虽是承担退役军人安置任务的重要主体，但大量企业和社会组织积极接收退役军人，给安置退役军人提供了许多就业机会，成为安置退役军人的重要渠道，为做好退役军人安置工作做出了较大贡献。退役军人到企业和社会组织工作的，其劳动就业、社会保险等权益依法受到保护，用人单位依法享受税收优惠等政策。

三、关于退役军人的义务

政府有安置的责任，退役军人也有接受安置的义务，这是相辅相成的。退役军人应当按照不同安置方式的规定，及时做好到安置地和有关单位报到等工作，不得拒绝接受安置。对于拒不服从安置的，按照国家有关规定处理。例如，符合安排工作条件的退役士兵无正当理由拒不服从安置地人民政府安排工作的，视为放弃安排工作待遇。

需要注意的是，如果法律法规允许退役军人选择不同安置方式，那么退役军人依法行使这一合法权利的情形，不属于拒不接受安置。例如，对符合安排工作条件的退役士兵选择自主就业，符合退休条件的中级以上士官选择由人民政府安排工作或者由国家供养等情况，有关单位应当依照国家有关规定予以办理。

第二十一条　对退役的军官，国家采取退休、转业、逐月领取退役金、复员等方式妥善安置。

以退休方式移交人民政府安置的，由安置地人民政府按照国家保障与社会化服务相结合的方式，做好服务管理工作，保障其待遇。

以转业方式安置的，由安置地人民政府根据其德才条件以及服现役期间的职务、等级、所做贡献、专长等和工作需要安排工作岗位，确定相应的职务职级。

服现役满规定年限，以逐月领取退役金方式安置的，按照国家有关规定逐月领取退役金。

以复员方式安置的，按照国家有关规定领取复员费。

【条文主旨】

本条是关于退役军官安置方式的规定。

【条文释义】

一、退役军官安置方式

对退役的军官，应当按照待遇与贡献相匹配、分类保障的要求，分别设置安置方式。本法贯彻落实国防和军队改革要求，全面规范了退役军官的安置方式，对退役的军官，国家采取退休、转业、逐月领取退役金、复员等方式妥善安置。本条主要规定有哪些安置方式，以及各种安置方式的主要内容，具体适用条件、待遇依照有关法律法规执行。

二、以退休方式移交人民政府安置

本条第一款主要规范移交政府安置的退休军官。对于没有移交政府安置的退休军官的安置管理，依照本法第八十四条第一款和现役军官法等法律法规的有关规定执行。

（一）军官退休的基本条件

军官退休主要情况有：一是担任师级以上职务，且达到服现役最高年龄，或者军龄满30年或者年满50周岁，本人申请退休的军官。二是军龄满30年或者年满50周岁的团职以下军官。三是未达到退休年龄，因公致残和因病经医院证明基本丧失工作能力的军官。四是接近服现役最高年龄的师职以上军官，不宜继续服现役，且不宜转业到地方工作的。

（二）移交人民政府安置

退休军官移交人民政府安置管理，是党中央、国务院、中央军委从国防和军队建设大局出发作出的一项重大战略决策。军官退出现役回归地方和社会，既是军队实现新老更替的客观要求，也是聚焦能打仗、打胜仗，阔步强军征程的重要保证。安置地人民政府要按照国家保障与社会化服务相结合的方式，成立服务管理机构，落实各项政治待遇和生活待遇，开展服务管理，保障退休军官安享幸福生活。

（三）退休军官的主要待遇保障

1. 关于国家保障。一是政治待遇。按照安置地有关规定执行。主要是颁发由中央军委政治工作部门统一印制的退休证，组织阅读文件和参观学习，参加重大庆典和重大政治活动，按照规定着退休时的军装和佩戴军衔、勋章、立功奖章，以及军地有关方面在春节、“八一”建军节等重大节日组织慰问等。二是生活待遇。工资按照军队统一的项目和标准执行。三是医疗保障。实行由政府医疗机构为主负责保障的模式。退休军官比照安置地国家机关退休公务员参加基本医疗保险，实行公务员医疗补助，按照规定享受相应医疗待遇。医保范围内自付医疗费较多的，由安置管理单位给予适当补助。四是组织疗养。对服役期间或移交安置后做出突出贡献的退休军官，分层级、分批次组织疗养。

2. 关于社会化服务。针对退役军官比较关注的养老、医疗、就餐、出行等重点难点问题，积极引入社会优质服务资源，构建退休军官服务保障新模式，健全服务保障体系，提升服务管理水平。养老服务方面，打造社会机构养老、军休社区养老、居家养老、“互联网＋养老”的全方位服务格局，为退休军官尤其是失能、失智、独居、空巢等重点人员提供多元化优惠养老服务。医疗服务方面，鼓励地方医疗卫生机构在退休军官集中居住区域设置医疗点，退休军官到军队医院看病，享受与同职级现役军人同等水平的优先服务，进一步增强退休军官的荣誉感归属感获得感。就餐和出行方面，通过设置服务店、搭建网上服务平台等方式，依托社会优质资源为退休军官提供服务。

三、以转业方式安置

1. 军官转业安置基本条件。国家根据经济社会发展和国防军队现代化建设的需要，有计划、有步骤地批准符合法定条件的军官退出现役到地方，由政府安排工作。以转业方式安置的军官，一般应符合以下基本条件：一是达到平时服现役最高年龄的；二是受军队编制员额限制不能调整使用的；三是因身体状况不能坚持军队正常工作但能够适应地方工作的；四是其他原因需要退出现役作转业安置的。

2. 转业军官的职务职级确定。转业军官的工作安排和职务职级确定等安置工作，应当坚持为经济社会发展、为国防和军队建设服务的方针，贯彻妥善安置、合理使用、人尽其才、各得其所的原则。在立法过程中，有的意见提出，应当在法律中明确规定军转干部安置到地方后的职务职级对应关系。立法工作机构组织有关方面进行了反复研究，根据国防和军队改革要求，综合考虑实际情况和各方面意见、地方干部人事管理有关规定，结合转业军官服现役期间的贡献专长，本法作出相应规定，以转业方式安置的，由安置地人民政府根据其德才条件以及服现役期间的职务、等级、所做贡献、专长等和工作需要安排工作岗位，确定相应的职务职级。

3. 转业军官的待遇保障。军官转业安置后，由接收安置单位按照国家有关规定保障相应的待遇。一是政治待遇。享受所在单位与其军队职务等级相应或者同等条件人员的政治待遇。二是工资报酬。按照不低于接收安置单位与其军队同等条件的人员的标准确定。服役期间被授予荣誉称号或者荣立一等功的，可按规定适当提高级别工资档次或薪级工资。津贴、补贴、奖金以及其他生活服务待遇，按照国家有关规定执行。转业安置到国有企业的，工资报酬按照国家和所在企业的有关规定执行。三是住房保障。主要采取购买经济适用住房、现有住房或者租住周转住房，以及修建自有住房等方式解决。

四、以逐月领取退役金方式安置

对退役的军官，确立逐月领取退役金安置方式，是按照国防和军队改革要求确立的一项重要制度。这种安置方式与军人服役年限相挂钩，体现对军人服役贡献的褒奖。国家积极扶持以逐月领取退役金方式安置的军官就业创业，鼓励其积极就业创业，更好地在经济社会建设中发挥作用。国务院、中央军委有关部门正在抓紧研究以逐月领取退役金方式安置的人员条件、工作程序、待遇保障等具体政策。

五、以复员方式安置

符合退出现役条件且本人自愿要求复员，或者刑满释放、被开除党籍等不宜安排转业又不具备退休条件的军队干部可以选择复员。自愿要求复员的军队干部，须由本人提出书面申请。书面申请装入本人档案。受审查尚未作出结论或者留党察看期未满等情形，不得安排复员。军地相关部门制定了一系列政策，明确军队复员干部的条件范围、安置去向、安置待遇等政策。以复员方式安置的军官，复员费的计算、发放由军队在其退役时按规定标准核定、发放。

第二十二条　对退役的军士，国家采取逐月领取退役金、自主就业、安排工作、退休、供养等方式妥善安置。

服现役满规定年限，以逐月领取退役金方式安置的，按照国家有关规定逐月领取退役金。

服现役不满规定年限，以自主就业方式安置的，领取一次性退役金。

以安排工作方式安置的，由安置地人民政府根据其服现役期间所做贡献、专长等安排工作岗位。

以退休方式安置的，由安置地人民政府按照国家保障与社会化服务相结合的方式，做好服务管理工作，保障其待遇。

以供养方式安置的，由国家供养终身。

【条文主旨】

本条是关于退役军士安置方式的规定。

【条文释义】

本法根据国防和军队改革进展情况，在现行政策制度基础上，进一步完善了退役军士安置方式，特别是服现役满规定年限的军士，可以逐月领取退役金，这是一大制度创新。

一、以逐月领取退役金方式安置

对退役的军士，确立逐月领取退役金安置方式，是退役军士安置工作顺应社会主义市场经济体制要求，适应国防和军队改革发展需要的必由之路。以逐月领取退役金方式妥善安置符合条件的军士，是此次军事政策制度改革的重要内容。因此，本法规定退役的军士服现役满规定年限，以逐月领取退役金方式安置的，按照国家有关规定逐月领取退役金。国务院、中央军委有关部门正在抓紧研究以逐月领取退役金方式安置的人员条件、工作程序、待遇保障等具体政策。

二、以自主就业方式安置

根据本法规定，服现役不满规定年限，以自主就业方式安置的，领取一次性退役金。按照目前的政策标准，服现役不满规定年限，是指服现役不满 12 年。实际中，也有符合政府安排工作条件但自愿放弃安排工作待遇、选择自主就业的退役军士。一次性退役金，由中央财政安排专项经费按统一标准发给退役军士。目前一次性退役金的标准是，每服役满一年 4500 元，有立功获奖的，按比例增发，荣立三等功、二等功、一等功或军级以上荣誉称号的，分别增发 5%、10%、15%。增发退役金，体现了对表现突出、贡献较大退役士兵的褒扬，有利于调动现役士兵的积极性。根据多次荣获奖励按照就高不就低计发的惯例，确定了多次获得荣誉称号或者立功的退役士兵，按照其中最高等级奖励的增发比例，增发一次退役金，不累加。

地方政府可以根据当地实际情况给予一次性经济补助，具体标准由各省、自治区和直辖市制定。一次性退役金和经济补助免征个人所得税。军士退役后，可参加由政府组织的职业教育和技能培训。同时，在考学、考公务员、就业应聘、参加社会保险和个体经营时的贷款和纳税等方面，享受相应的优待优惠。

三、以安排工作方式安置

保障符合安排工作条件的退役军士第一次就业，是安置地人民政府应尽的责任。安置地人民政府根据退役军士服役期间所做贡献、专长等安排工作岗位。根据现有安置政策，符合下列条件之一的军士，退役时以安排工作方式安置：（1）军士服现役满12年；（2）服现役期间平时荣获二等功以上奖励，或者战时荣获三等功以上奖励；（3）因战致残被评定为5级至8级残疾等级；（4）烈士子女。

一般情况下，退役军士由安置地县级人民政府进行安置，对安排退役军士工作任务较重的县（市），可以由上一级人民政府在本行政区域内统筹安排。安置地人民政府应当在接收退役士兵6个月内，完成本年度安排退役士兵工作的任务。退役士兵待安排工作期间，安置地人民政府应当依法按月发放生活补助。

四、以退休方式安置

中级以上军士符合下列条件之一的，以退休方式安置：（1）年满55周岁；（2）服现役满30年；（3）因战、因公致残，被评定为1级至6级残疾等级；（4）经军队医院证明和军级以上单位卫生部门审核确认因病基本丧失工作能力。根据本条规定，以退休方式安置的退役军士，由安置地人民政府按照国家保障和社会化服务相结合的方式，做好服务管理工作，保障其待遇。

五、以供养方式安置

被评定为1级至4级残疾等级的初级军士退出现役的，由国家供养终身。因战、因公致残被评定为1级至4级残疾等级的中级以上军士，本人自愿放弃退休安置的，可以选择由国家供养。国家完善政策措施，提高保障水平，确保以供养方式安置的退役军士的生活、医疗、住房等待遇得到落实。退役军士供养分为集中供养和分散供养两种形式：

1. 集中供养。符合下列条件之一的，由国家集中供养：（1）因残疾原因需要经常进行医疗处置的；（2）日常生活需要护理，不便于分散安置照顾的；（3）独身一人不便于分散安置的。集中供养的退役军士，经省级人民政府退役军人工作主管部门批准，在安置地的省、自治区、直辖市荣誉军人康复医院等优抚医院进行休养、康复和治疗，安置地没有荣誉军人康复医院的，按照有关规定由邻近的荣誉军人康复医院接收。

2. 分散供养。分散供养是指以供养方式安置的退役军士，本人自愿回家休养。分散供养的退役军士，由军队发放一次性安置补助费，并由安置地人民政府退役军人工作主管部门发放残疾抚恤金。现行分散供养的退役军士的护理费标准：（1）因战、因公致 1 级和 2 级残疾的，为当地职工月平均工资的 50%；（2）因战、因公致 3 级和 4 级残疾的，为当地职工月平均工资的 40%；（3）因病致 1 级至 4 级残疾的，为当地职工月平均工资的 30%。在住房保障方面，按照安置地县（市）经济适用住房平均价格和 60 平方米的建筑面积确定住房，没有经济适用住房标准的地区按照普通商品住房的价格确定。中央财政按规定标准给予补助，不足部分由地方财政解决。自行解决住房的，按照规定标准将购（建）房费用发给本人。

第二十三条　对退役的义务兵，国家采取自主就业、安排工作、供养等方式妥善安置。

以自主就业方式安置的，领取一次性退役金。

以安排工作方式安置的，由安置地人民政府根据其服现役期间所做贡献、专长等安排工作岗位。

以供养方式安置的，由国家供养终身。

【条文主旨】

本条是关于退役义务兵安置方式的规定。

【条文释义】

义务兵退役后，分别采取自主就业、安排工作、供养等方式安置。

一、以自主就业方式安置

服现役满两年的士兵（含提前退出现役），以自主就业方式安置，领取一次性退役金。一次性退役金由中央财政负担，根据服役年限确定，服现役年限不满6个月的按照6个月计算，超过6个月不满1年的按照1年计算。有立功获奖的，按比例增发，荣立三等功、二等功、一等功或军级以上荣誉称号的，分别增发5%、10%、15%。多次获得荣誉称号或者立功的退役士兵，由部队按照其中最高等级奖励的增发比例，增发一次性退役金。为体现对退役义务兵的优待，在一次性退役金基础上，地方政府可以根据当地实际给予适当经济补助，一次性退役金和经济补助免征个人所得税。

二、以安排工作方式安置

退役义务兵符合下列条件之一的，由人民政府安排工作：(1)服役期间平时荣获二等功以上奖励或者战时荣获三等功以上奖励的；(2)因战致残被评定为5级至8级残疾等级的；(3)是烈士子女的。符合以上规定条件的退役义务兵在艰苦地区和特殊岗位服现役的，优先安排工作；因精神障碍基本丧失工作能力的，予以妥善安置。符合政府安排工作条件的退役义务兵，由安置地人民政府根据其服现役期间所做贡献、专长等安排工作岗位，保障其第一次就业。符合安排工作条件的退役士兵，退役时自愿选择自主就业的，依照自主就业方式安置的有关规定办理。

三、以供养方式安置

被评定为1级至4级残疾等级的义务兵退出现役的，由国家供养终身。国家供养的残疾退役义务兵，其生活、住房、医疗等保障，按照以供养方式安置退役军士的有关规定执行。

第二十四条　退休、转业、逐月领取退役金、复员、自主就业、安排工作、供养等安置方式的适用条件，按照相关法律法规执行。

【条文主旨】

本条是关于安置方式适用条件的规定。

【条文释义】

分类安置是退役军人安置的重要原则。党和政府历来高度重视退役军人接收安置工作，先后制定了一系列政策规定，为顺利完成移交安置工作提供了强有力的政策支撑。党的十八大以来特别是近年来，退役军人安置工作进行了一系列改革，优化移交接收机制，重点推进安置制度改革，提高安置工作精准度，完善阳光安置机制，做好移交安置和服务管理工作，提高安置质量，探索干休所开门办所、融入社会、购买服务、资源共享的新模式，安置制度不断发展完善，利好政策不断出台落地，退役军人安置方式日趋多样化。

退役军人安置涉及退休、转业、逐月领取退役金、复员、自主就业、安排工作、供养等多种方式，影响退役军人保障水平的因素较多，本法原则规定了各类安置方式的适用条件，具体的适用条件和待遇保障按照相关法律法规执行，既能够适应未来安置改革新趋势，又能够与已有的相关法律法规相衔接，同时为下一步制定完善配套法规规章和具体政策预留接口。

第二十五条　转业军官、安排工作的军士和义务兵，由机关、群团组织、事业单位和国有企业接收安置。对下列退役军人，优先安置：

（一）参战退役军人；

（二）担任作战部队师、旅、团、营级单位主官的转业军官；

（三）属于烈士子女、功臣模范的退役军人；

（四）长期在艰苦边远地区或者特殊岗位服现役的退役军人。

【条文主旨】

本条是关于转业军官、安排工作的军士和义务兵接收安置单位范围和优先安置的规定。

【条文释义】

妥善安置退役军人，是一项重要的政治任务，是全社会的共同责任。本条规定转业军官、安排工作的军士和义务兵，由机关、群团组织、事业单位和国有企业接收安置。同时，规定对有参战经历等情形的退役军人予以优先安置。

一、关于转业军官、安排工作的军士和义务兵的安置渠道

为了进一步做好安置工作，提高安置质量，本法对转业军官、安排工作的军士和义务兵的接收安置单位的范围作了明确规定，即这些重点安置保障的退役军人由机关、人民团体、事业单位和国有企业接收安置。

转业军官、安排工作的军士和义务兵，有的服现役时间较长，有的立功受奖，有的因战、因公致残，在服役期间做出了较大的贡献和牺牲。机关、群团组织、事业单位和国有企业接收安置退役军人是一项传统性工作。明确这部分退役军人由机关、群团组织、事业单位和国有企业接收安置，能够充分体现国家对退役军人的关心关爱，消除现役官兵后顾之忧，凝聚军心士气，引导现役军人在部队长期服役，扎根基层，建功立业，激励广大官兵为建设强大国防做出重要贡献。

二、关于优先安置

退役军人保障与其服役期间所做贡献挂钩，是制定退役军人保障法的一项重要原则。党的十八大以来，习近平总书记多次强调党员干部要敢于担当，要为担当者鼓劲、为干事者撑腰。重实干、重担当、重实绩。规定优先安置，主要是考虑到这几类退役军人为国防和军队建设做出了特殊的突出贡献，应当在安置环节体现出特殊的优待。本条将参战退役军人，担任作战部队师、旅、团、营级单位主官的转业军官，属于烈士子女、功臣模范的退役军人，长期在艰苦边远地区或者特殊岗位服现役的退役军人列入优先安置范围，彰显国防贡献越大、退役安置和服务保障越好的鲜明导向，引导现役军人在部队长期服役，扎根基层，建功立业，激励广大官兵为建设强大国防做出重要贡献。

需要说明的是，担任作战部队师、旅、团、营级单位主官的转业军官，是指从作战部队师、旅、团、营级单位主官岗位上转业的军官。立法过程中，有的意见提出将曾经担任过作战部队师、旅、团、营级单位主官的转业军官纳入优先安置对象范围。就这一问题，在确定退役军人安置政策和起草相关文件过程中经过反复研究，认为曾经担任过上述单位主官的军官，在从作战部队主官岗位向其他岗位调整过程中，通常已经通过提拔任职等体现了任职经历，后续安置也会通过计分等方式体现任职经历，保障比较充分。规定对担任师、旅、团、营级单位主官予以优先安置，主要目的是突出政策激励，服务保障备战打仗，消除一线主官后顾之忧。如果规定曾经担任过上述单位的主官全部给予优先安置，会扩大优先安置的人员范围，影响优先安置制度的激励效果。

第二十六条　机关、群团组织、事业单位接收安置转业军官、安排工作的军士和义务兵的，应当按照国家有关规定给予编制保障。

国有企业接收安置转业军官、安排工作的军士和义务兵的，应当按照国家规定与其签订劳动合同，保障相应待遇。

前两款规定的用人单位依法裁减人员时，应当优先留用接收安置的转业和安排工作的退役军人。

【条文主旨】

本条是关于编制和待遇保障的规定。

【条文释义】

编制和待遇保障，涉及退役军人切身权益，是接收安置退役军人的重要内容。本条阐释了三个方面内容：一是机关、群团组织、事业单位接收安置转业和安排工作的退役军人，应当按照国家有关规定给予编制保障；二是国有企业接收安置转业和安排工作的退役军人，应当按照国家规定与其依法签订劳动合同，保障相应待遇；三是有关用人单位裁减人员时，优先留用转业和安排工作的退役军人。

一、关于编制保障

随着社会主义市场经济的发展和改革，地方人事制度和企事业单位用人、分配制度改革不断深入，转业和安排工作的退役军人在编制保障方面的矛盾比较突出。根据国家有关规定，党政机关接收军队转业干部，按照军队转业干部计划分配数的25%增加行政编制。按25%增加行政编制后有缺口的，首先用自然减员空缺出来的行政编制解决；解决后仍不够的，可专项向中央机构编制部门报告。各级党政机关在制定年度人事安排计划时，要充分考虑接收军队转业干部的情况，预留出部分职数接收军队转业干部。中央机构编制部门为接收军队转业干部给有关地方增加的行政编制，不得挪作他用。此外，对中央和国家机关京外直属机构、企业事业单位，其上级主管部门要按照有关规定及时解决所属单位接收军队转业干部所需增加的编制、职数和工资总额等问题，保证安置计划的落实。本条对安排工作的退役军人编制保障作了刚性约束，既解决了安排工作退役军人的身份，也解决了待遇保障问题。

二、关于待遇保障

签订劳动合同是企业与劳动者建立劳动关系、保障劳动者工资报酬等合法权益的重要前提。接收安置转业军官、安排工作的军士和义务兵，是国有企业的法定义务，国有企业应当与接收安置的退役军人按照国家规定签订劳动合同，确定劳动关系，明确双方权利和义务，依法保障他们的合法权益。国有企业不得以劳务派遣等形式使用接收安置的转业军官、安排工作的军士和义务兵。按照有关规定，国有企业应当与接收安置的转业军官、安排工作的军士和义务兵签订不低于3年的固定期限劳动合同，对于服现役10年以上的，应当与其签订无固定期限劳动合同。同时，国有企业应当确保接收安置的转业军官、安排工作的军士和义务兵享受本企业同等条件人员的工资和福利待遇。

三、关于优先留用转业和安排工作的退役军人

机关、群团组织、事业单位、国有企业对于接收安置转业军官、安排工作的军士和义务兵，不得随意辞退、解聘或者解除劳动合同。如果机关、群团组织、事业单位在机构撤销、转隶和合并时，国有企业生产经营发生严重困难时，确需裁减人员的，应当优先留用接收安置的转业军官、安排工作的军士和义务兵。

第二十七条　以逐月领取退役金方式安置的退役军官和军士，被录用为公务员或者聘用为事业单位工作人员的，自被录用、聘用下月起停发退役金，其待遇按照公务员、事业单位工作人员管理相关法律法规执行。

【条文主旨】

本条是关于退役后身份转换时待遇调整的规定。

【条文释义】

一、停发退役金的条件

以逐月领取退役金方式安置的退役军官和军士，国家以财政负担他们的待遇，同时鼓励他们到企业就业或者创办企业，继续投身社会主义现代化建设。按照国家机关、事业单位招考规定，这部分退役军人符合条件的，也可以报考公务员和事业单位工作人员。考虑到公务员和事业单位工作人员的待遇保障也是由国家财政负担，以逐月领取退役金方式安置的退役军人被录用为公务员或事业单位工作人员的，停发退役金，符合财政支出的基本原则，也有利于机关、事业单位内部人员之间的待遇公平。这里所指的公务员和事业单位工作人员，是指纳入国家行政编制和事业单位编制、由国家财政负担工资福利的工作人员。

二、停发退役金后的待遇保障

根据本条规定，以逐月领取退役金方式安置的退役军人自被录用为公务员或者聘用为事业单位工作人员的下月起停发退役金，其待遇按照公务员、事业单位工作人员管理相关法律法规执行。规定录用、聘用的下月起停发退役金，能够确保待遇的有效衔接和过渡期的生活保障。关于公务员和事业单位工作人员的待遇，公务员法和事业单位人事管理条例作了明确规定。比如，在待遇保障上，公务员实行国家统一的工资制度，公务员工资制度贯彻按劳分配的原则，公务员按照国家规定享受福利待遇，依法参加社会保险，按照国家规定享受保险待遇，因公牺牲或者病故的，其亲属享受国家规定的抚恤和优待。事业单位实行激励与约束相结合的工资制度，享受国家规定的福利待遇，执行国家规定的工时制度和休假制度，依法参加社会保险，享受社会保险待遇。

第二十八条　国家建立伤病残退役军人指令性移交安置、收治休养制度。军队有关部门应当及时将伤病残退役军人移交安置地人民政府安置。安置地人民政府应当妥善解决伤病残退役军人的住房、医疗、

康复、护理和生活困难。

【条文主旨】

本条是关于伤病残退役军人安置的规定。

【条文释义】

本条规定涵盖以下四个方面：一是规定建立制度；二是规定军队有关部门的责任；三是规定安置地人民政府的责任；四是规定伤病残退役军人的待遇保障。

一、关于伤病残退役军人指令性移交安置、收治休养制度

伤病残军人是一个特殊群体，他们大多在作战训练、战备执勤、抢险救灾、参加地方经济建设等急难险重任务中负伤致残，为国防和军队现代化建设、促进国家经济发展、维护社会稳定做出过特殊贡献。党中央、国务院、中央军委历来对他们十分关心和爱护，要求采取有效措施把他们安置好照顾好。伤病残退役军人移交安置需要军队、地方有关部门、伤病残退役军人及家属合作完成。建立伤病残退役军人指令性移交安置、收治休养制度，有利于军队和地方密切合作，提高接收安置效率，更好维护伤病残退役军人合法权益。

二、关于军队有关部门的责任

安置好伤病残退役军人，是关系改革发展稳定和国防军队建设全局的大事。军队各级有关部门要搞好政策宣传和教育引导工作，主动加强与国家机关和地方党委政府的沟通协调，建立稳定长效协作机制，及时研究解决移交安置工作中遇到的矛盾和问题，做好伤残等级评定和因病基本丧失工作能力医学鉴定工作，按照基本程序和时间节点及时移交伤病残退役军人。

在工作实践中，伤病残军人批准退休后，一般是第二年审定安置去向，纳入军队退休干部、士官安置计划。伤病残退休军人移交政府安置工作，纳入年度军队退休干部安置移交接收工作统一组织实施。伤病残退役军人移交政府安置时，由军队根据本人伤病残情况发给一次性安置补助费。审定安置去向时，部队除提供伤病残退休军人符合安置去向审定条件的材料外，应当提供《军人残疾等级评定审批表》或《现役军官、文职干部因病基本丧失工作能力医学鉴定表》《士官因病基本丧失工作能力医学鉴定表》。其中，伤病残士兵退役交接工作大致可分为三个阶段：审核下达计划阶段、档案审核阶段、办理交接阶段。军队应认真负责医治残疾士兵，并于医疗期满后，按照相关规定，完成残疾等级评定。同时，残疾士兵所在部队即着手整理档案材料、沟通本人及家属思想、测算各项待遇补助等退役交接准备工作。按照规定，对供养安置的残疾退役士兵进行集中计划移交。

三、关于安置地政府的责任

妥善解决伤病残退役军人的住房、医疗、康复、护理和生活困难，是安置地政府的主要职责。各安置地政府必须牢固树立政治意识、大局意识和责任意识，充分尊重他们为党、国家、人民和军队做出的重大贡献，坚持以政策规定为依据，调动一切积极因素和社会保障资源，营造关心优待伤病残退役军人的良好氛围。同时，要搞好政策宣传，教育引导伤病残军人深刻理解党中央、国务院、中央军委对他们的关怀照顾，自觉支持和拥护伤病残军人退役安置的各项政策规定，坚信地方政府能够保障自己稳定生活，相信家乡人民能够给予自己更多的亲情关怀，从而愉快回故乡安家休养，力所能及地为军队现代化建设和构建社会主义和谐社会做出新的贡献。

四、关于伤病残退役军人的待遇保障

按照国家现有政策，在住房保障方面，伤病残退休军人住房保障纳入军队退休干部住房保障计划，采取购买经济适用住房或自理住房的方式，优先落实安置住房，同时享受住房补贴；分散供养的伤病残退役军士和义务兵，其住房保障按照供养的有关规定执行。在医疗、康复、护理保障方面，伤病残退休军人移交政府安置后的医疗保障，比照安置地国家机关退休公务员参加基本医疗保险和实行公务员医疗补助，享受相应医疗待遇。伤病残退役军人中的残疾军人和带病回乡退伍军人，按规定享受相应的医疗优待。

伤病残退役军人移交政府安置时，由军队根据本人伤病残情况发给一次性安置补助费；接收1级至4级残疾和患重症精神病退役军人的优抚医院，中央财政给予适当补助，用于增加床位、医疗设备及房屋维修等支出，确保有关方面积极做好伤病残退役军人安置工作。伤病残退役军人符合下列条件的，经省级人民政府退役军人工作主管部门批准，可以由优抚医院收治，享受优抚医院提供的医疗、康复、护理等服务：一是需要常年医疗或者独身一人不便分散安置的1级至4级残疾退役军人；二是在服役期间患严重慢性病的残疾退役军人和带病回乡复员退伍军人；三是在服役期间患精神疾病，需要住院治疗的复员退伍军人；四是短期疗养的优抚对象；五是主管部门安排收治的其他人员。

第二十九条　各级人民政府加强拥军优属工作，为军人和家属排忧解难。

符合条件的军官和军士退出现役时，其配偶和子女可以按照国家有关规定随调随迁。

随调配偶在机关或者事业单位工作，符合有关法律法规规定的，安置地人民政府负责安排到相应的工作单位；随调配偶在其他单位工作或者无工作单位的，安置地人民政府应当提供就业指导，协助实现就业。

随迁子女需要转学、入学的，安置地人民政府教育行政部门应当

予以及时办理。对下列退役军人的随迁子女，优先保障：

（一）参战退役军人；

（二）属于烈士子女、功臣模范的退役军人；

（三）长期在艰苦边远地区或者特殊岗位服现役的退役军人；

（四）其他符合条件的退役军人。

【条文主旨】

本条是关于拥军优属和家属安置的规定。

【条文释义】

一、关于加强拥军优属工作

习近平总书记强调，双拥运动是我党我军我国人民特有的优良传统和政治优势。坚如磐石的军政军民团结，永远是我们战胜一切艰难险阻、不断从胜利走向胜利的重要法宝。拥军优属工作，是双拥工作的重要组成部分，是维护国家长治久安、社会稳定、经济发展的重要工作，是随着时代发展、军队发展变化而变化的。本条第一款规定"各级人民政府加强拥军优属工作，为军人和家属排忧解难"，进一步强化各级人民政府在拥军优属工作方面的责任，推动各级政府加强和重视拥军优属工作，尽最大努力解决部队的困难和问题，特别是积极为现役军人及家属排忧解难。各级人民政府要把加强拥军优属工作作为一项事关全局的战略任务摆上重要位置，进一步形成军民同心固国防的生动局面，不断提升军人军属的荣誉感获得感。

拥军优属在不同历史时期，有着不同的内容。在改革开放和社会主义现代化建设时期，主要内容包括：（1）广泛进行国防教育，为部队选送优秀兵员，协助军队保卫和建设国防；（2）支持军队的改革和建设，帮助军队完成作战和训练任务；（3）保护军事设施，尊重和爱护军队，协商处理好地方和军队之间的关系；（4）接收并妥善安置退役军人，做好现役军人、革命伤残军人、复员退伍军人和革命烈士家属、因公牺牲军人家属、病故军人家属的抚恤优待工作；（5）做好随军家属安置和子女入学工作，帮助解决未随军家属的住房、工作、生活等方面的困难；（6）重要节假日，组织慰问部队和烈士家属、军人家属，帮助部队及其家属解决实际困难；等等。

二、关于配偶和子女随调随迁

本条第二款规定，“符合条件的军官和军士退出现役时，其配偶和子女可以按照国家有关规定随调随迁”，这充分体现了党和国家对军人军属为国防事业做出贡献的肯定和关心关怀。家属随调，是指符合条件的军官和军士退出现役时，其有正式工作（有行政、事业编制等）且符合规定条件的家属可以随同退役军人调至安置地，由安置地重新安排工作。家属随调应注意：一是退役军人在原部队驻地安置则不存在随调的问题。安置地与原部队驻地不同，家属才可能需要随调。二是随调的退役军人家属应当在原地有正式工作，属于正式工作人员。三是随调家属应当纳入当年的退役军人移交接收计划。随调家属人事档案应当通过省军区相关部门，随退役军人档案一起移交给安置地人民政府相关部门。

家属随迁，是指符合条件的军官和军士退出现役，确定不在部队驻地安置，其没有正式工作且符合规定条件的家属，可以随同退役军人迁移至安置地，由安置地人民政府公安机关办理落户手续。与家属随调相比，家属随迁也应满足退役军人安置地与原部队驻地不同这个条件，但家属随迁不需要家属有正式工作。

三、随调随迁配偶工作和就业的相关保障

本条第三款明确了退役军人随调随迁配偶的工作和就业的相关保障措施。一是如果退役军人随调配偶原来是在机关或者事业单位工作，并具有行政、事业等相应编制，符合公务员法等有关法律法规规定的，

由安置地人民政府根据其职务等级、从事的职业等因素，安排到相应的工作单位。二是如果退役军人随调随迁配偶在其他单位工作或者无工作单位，并且符合就业条件的，安置地人民政府应当提供就业指导和服务，协助其实现就业。另外，根据国务院和中央军事委员会的相关政策规定，随迁配偶从事个体经营或者创办经济实体的，安置地人民政府还应当在政策上给予扶持，并按照国家和安置地促进就业的有关规定减免税费。

四、随迁子女转学、入学的相关保障

做好随迁子女转学、入学问题，有利于更好地维护退役军人合法权益、助推经济社会发展、服务国防和军队建设。我国已初步形成了覆盖基础教育阶段的、面向随迁子女异地入学和升学的教育政策体系，为整体做好随迁子女的教育工作提供了政策指导和路径遵循。受城市化发展的特殊性、差异性等因素的影响，符合条件的军官和军士退出现役时，随迁子女转学、入学问题也在发生变化，与随迁子女的教育需求、教育期待相比，教育公共服务供给的质和量都还有提升空间。

本条第四款明确了退役军人随迁子女转学、入学的相关保障措施。一是退役军人的随迁子女需要转学、入学的，安置地人民政府教育行政部门应当予以及时办理。随迁子女的户口随退役军人迁移后，达到入学年龄、满足入学条件的，安置地人民政府教育行政部门应当安排其在户口所在地内（迁入地）就近入学；满足转学条件的，安置地人民政府教育行政部门应当及时帮助其确定转入学校，并办理转学手续。二是对参战退役军人，属于烈士子女、功臣模范的退役军人，长期在艰苦边远地区或者特殊岗位服现役的退役军人，以及其他符合条件的退役军人的随迁子女，安置地人民政府教育行政部门应当优先保障。

第三十条　军人退役安置的具体办法由国务院、中央军事委员会制定。

【条文主旨】

本条是对国务院和中央军事委员会的授权规定。

【条文释义】

退役军人保障法出台后，需要根据本法规定，以及国防和军队改革情况，由国务院、中央军事委员会制定军人退役安置的具体办法。在立法实践中，涉及军地双方职责分工的事项，一般采取军地联合制定的方式。目前，退役军人事务部和军委政治工作部正在会同国务院、中央军委有关部门起草《退役军人安置条例》，按照立法程序抓紧推进，争取尽快报请国务院、中央军事委员会审议。

第四章　教育培训

教育培训是退役军人提升职业能力素质的直接途径，为退役军人就业创业发挥着“造血”功能，是一项利长远的重要举措，同时也是社会主义人才队伍建设的重要组成部分。退役军人保障法总结归纳了现行的好经验好做法，同时结合形势发展，作了一系列制度创新。本章共7条，主要规范了教育培训基本制度、教育培训体系、退役前教育培训、教育资助和单列计划及单独招生、入学复学、职业技能培训、培训机构管理等制度。

第三十一条　退役军人的教育培训应当以提高就业质量为导向，紧密围绕社会需求，为退役军人提供有特色、精细化、针对性强的培训服务。

国家采取措施加强对退役军人的教育培训，帮助退役军人完善知识结构，提高思想政治水平、职业技能水平和综合职业素养，提升就业创业能力。

【条文主旨】

本条是关于教育培训基本制度的规定。

【条文释义】

一、退役军人教育培训工作的目标导向

退役军人为我国国防事业和军队建设做出了重要贡献，有针对性地加强对退役军人的教育培训，提高退役军人个人能力，促进我国退

役军人的就业，对于稳定军心，促进退役军人顺利融入社会、为经济社会发展做贡献具有重要意义。相比经济和其他福利待遇等物质性的保障来说，教育培训的意义和作用更加深远。在如今这个人人重视教育的学习型社会中，想要脱颖而出立足社会，就必须提高自己的知识水平和能力素质。围绕社会需求，对退役军人开展有特色、精细化、针对性强的培训服务，可以帮助退役军人改善知识结构，提升能力素质，有助于退役军人的长远发展。

党中央、国务院、中央军委历来高度重视退役军人的教育培训工作，在各个历史时期制定了相应的方针、原则和政策，并将退役军人教育培训作为一项重要工作加以推动。近年来，国家有关部门以提高退役军人就业质量为导向，积极开展退役军人教育培训工作。2018年8月，退役军人事务部、中组部、中央政法委、教育部、公安部等部门联合印发《关于促进新时代退役军人就业创业工作的意见》，在加强退役军人教育培训方面提出六大措施，包括：完善多层次、多样化的教育培训体系；开展退役前技能储备培训；加强退役后职业技能培训；推行终身职业技能培训；鼓励参加学历教育；加强教育培训管理等，切实解决退役军人教育培训中存在的各种政策零散、优惠不足、培训质量不高、培训方式不灵活等问题。

二、提升就业创业能力

退役军人经过部队“大熔炉”淬炼之后，具有极强的牺牲奉献精神，吃苦耐劳，组织纪律性强，是经济社会建设的重要力量。但他们在部队学的更多是作战技能而非就业技能，很多在社会上难以通用。因此，完善知识结构，提高思想政治水平、职业技能水平和综合职业素养是退役军人教育培训工作的直接目标，而提升退役军人的就业创业能力则是退役军人教育培训工作的根本目的。

提升就业创业能力，是退役军人提高就业质量的关键途径。为了体现对退役军人在就业创业方面的优待，国家高度重视帮助退役军人改善知识结构、提高职业技能水平、提升综合职业素养，为其实现高质量就业提供内在动力。《关于促进新时代退役军人就业创业工作的意见》以实现稳定就业为导向，将退役军人教育培训工作融入高职扩招和职业技能培训提升行动方案等专项政策，进一步打通了从专业技能提升到稳定就业、成功创业的培训路径。此外，国家多部门共同印发《关于全面做好退役士兵职业教育工作的通知》，落实《高职扩招专项实施方案》，指导各地宣传推动退役士兵积极报考；出台《学生资助资金管理办法》，明确退役军人工作主管部门相应职责，提高退役军人高职培训学费资助标准。这些举措主动对接就业市场需求，顺应广大退役军人期盼，有力促进了教育培训工作。

第三十二条　国家建立学历教育和职业技能培训并行并举的退役军人教育培训体系，建立退役军人教育培训协调机制，统筹规划退役军人教育培训工作。

【条文主旨】

本条是关于教育培训体系的规定。

【条文释义】

一、学历教育和职业技能培训并行并举

学历教育是根据国家教育部下达的招生计划录取的学生，按教育主管部门认可的教学计划实施教学，学生完成学业后，由学校颁发国家统一印制的毕业证书和学位证书的教育培训方式，主要是解决综合素质和职业发展问题。职业技能培训是指按照国家职业分类和职业技能标准进行的规范性培训的教育培训方式，主要是解决就业技能和短期工作问题。学历教育与职业技能培训并行并举，长期学习与短期参训相补充，是增强退役军人教育培训质量，提升退役军人就业创业能力，提高退役军人就业质量的有效手段。退役军人可以根据自身的不同发展阶段和对于教育培训内容的不同需求，自主选择学历教育或者职业技能培训作为提升自己素质和能力的不同方式。

随着社会不断进步和军队现代化建设持续推进，军人的知识层次越来越高，他们退役后追求更高的学历、实现更好更稳定的就业的愿望也更加强烈。《关于促进新时代退役军人就业创业工作的意见》明确提出，要“完善多层次、多样化的教育培训体系。将退役军人就业创业培训纳入国家学历教育和职业教育体系，依托普通高校、职业院校（含技工院校）等教育资源，促进现役军人与退役军人教育培训相衔接、学历教育与技能培训互为补充，改善知识结构，提升能力素质”。为此，本条明确要建立学历教育和职业技能培训并行并举体系，以保障退役军人接受多层次多样化教育培训的权益。

二、建立教育培训协调机制

退役军人教育培训工作涉及学校、财政、人力资源等方方面面，需要多个部门协同配合，多措并举同向发力，因此建立相应的协调机制是必要保障。近几年，在国家统筹协调下，退役军人事务部、教育部、财政部、人力资源和社会保障部等多部门，根据中央有关文件精神，共同出台了许多促进退役军人教育培训工作的政策文件，明确了各部门的职责范围，建立了各部门之间的合作协调机制。同时，国家有关部门陆续出台了《高职扩招专项工作实施方案》《关于全面做好退役士兵职业教育工作的通知》《学生资助资金管理办法》等文件，放宽退役军人接受高职教育的入学条件、推行“工学结合”的教学办法、提高学费减免资助标准。这些实际举措有效促进了退役军人教育培训工作的开展。

第三十三条　军人退役前，所在部队在保证完成军事任务的前提

下，可以根据部队特点和条件提供职业技能储备培训，组织参加高等教育自学考试和各类高等学校举办的高等学历继续教育，以及知识拓展、技能培训等非学历继续教育。

部队所在地县级以上地方人民政府退役军人工作主管部门应当为现役军人所在部队开展教育培训提供支持和协助。

【条文主旨】

本条是关于退役前教育培训的规定。

【条文释义】

一、关于军人退役前的教育培训

树立终身学习的意识，是构建学习型社会的现实要求。终身制学习、全程学习是退役军人改善知识结构、提升就业创业能力的必要途径，具体包括技能培训、继续教育、高等学历教育等方式。一方面，退役军人的经历可划分为现役和退役，但其知识结构的提升与服役状态无关，而是随着社会进步、年龄阅历增长持续向前发展的；另一方面，军队作为特殊的武装集团，主责主业是执行军事任务、聚焦备战打仗，而军人作为这个集体中的个体，同时享有教育培训的权利，教育培训的内容有的与军队的主责主业有直接关系，有的可能关系不大。针对军人职业的特殊性，国家出台了多项政策，在不影响军人完成军事任务的前提下，鼓励帮助其完成军地衔接阶段的各类教育培训。本条规定，有利于有效促进服役期间与退役后的教育培训有效衔接，有利于进一步帮助退役军人提升就业竞争力，尽快适应社会。同时，本法还规定要加强军地协助，部队所在地县级以上地方人民政府退役军人工作主管部门要为部队开展教育培训提供支持和协助，帮助部队做好这项工作。

二、所在部队的职责

按照本法规定，军人退役前可参加高等学历教育及非学历教育。一是学历继续教育。军队根据建设和官兵职业发展需求，依托军队院校教育资源，构建自学考试专业体系和管理机制，提升官兵学历层次。二是非学历继续教育。对接各类人员职业发展路径，开展职业资格认证培训、职业技能鉴定培训、岗位能力提升学习等，推动军事职业教育课程体系与部队岗位履职要求相互衔接。

三、部队所在地退役军人工作主管部门的职责

《关于促进新时代退役军人就业创业工作的意见》提出，要组织开展退役前技能储备培训和职业指导，深入开展“送政策进军营”活动，加强经济社会发展和就业形势介绍、政策咨询、心理调适、“一对一”职业规划。在此基础上，本法对部队所在地县级以上地方人民政府退役军人工作主管部门提出了要求，即应当为现役军人所在部队开展教育培训提供支持和协助。为了落实法律规定，部队所在地县级以上地方人民政府退役军人工作主管部门应当为现役军人所在部队开展教育培训提供支持和协助，介绍地方党政机构、经济社会体制改革形势、劳动用工、干部人事制度等，介绍国家和本地区政治、经济、社会、文化建设状况及发展趋势，介绍地方人才需求、使用情况、安置政策和程序办法及讲授有关法律法规和政策制度等，使现役军人熟悉了解地方情况，树立正确择业观念，提高适应能力。

第三十四条　退役军人在接受学历教育时，按照国家有关规定享受学费和助学金资助等国家教育资助政策。

高等学校根据国家统筹安排，可以通过单列计划、单独招生等方式招考退役军人。

【条文主旨】

本条是关于教育资助和单列计划、单独招生的规定。

【条文释义】

为使更多退役军人能够接受系统的高等教育，实现其知识结构和技能水平的“二次专业化”，顺利由军事专业人员转变为经济社会建设者，本条对退役军人接受学历教育时享受教育资助和招生优待作出规定，加大了对退役军人教育的支持力度，特别是高等学校单独拿出名额招收退役军人，为退役军人接受高等教育提供了更多机会。

一、学历教育

实践中，退役军人接受学历教育通常是指接受高等学历教育。根据高等教育法有关规定，高等教育包括学历教育和非学历教育。高等学历教育分为专科教育、本科教育和研究生教育。不同的高等学历教育应当符合相应的学业标准。接受高等学历教育的学生，由所在高等学校或者经批准承担研究生教育任务的科学研究机构根据其修业年限、学业成绩等，按照国家有关规定，发给相应的学历证书或者其他学业证书。

二、学历教育国家资助政策

根据2019年出台的《学生资助资金管理办法》规定：（1）资助人员范围。国家对应征入伍服义务兵役的高校学生，在入伍时对其在校期间缴纳的学费实行一次性补偿或获得的国家助学贷款实行代偿；应征入伍服义务兵役前正在高校就读的学生（含高校新生），服役期间按国家有关规定保留学籍或入学资格、退役后自愿复学或入学的，国家实行学费减免。对以自主就业方式退役一年以上，通过全国统一高考或高职单招考入高等学校并到校报到的入学新生，实行学费减免。（2）学费补偿、国家助学贷款代偿和学费减免标准。本专科学生每人每年最高不超过8000元，研究生每人每年最高不超过12000元。超出标准部分不予补偿、代偿或减免。

三、单列计划、单独招生

“单列计划、单独招生”是指高等学校单独列出招生计划，专门面向退役军人招考，在退役军人内部考试竞争，体现了对退役军人的特殊优待，这也是本法第三十二条“国家建立学历教育和职业技能培训并行并举的退役军人教育培训体系”的一项具体内容。高等学校既包括高职院校，也包括普通高校，高等学校根据国家统筹安排招考退役军人，为退役军人接受高等教育提供更多机会，帮助退役军人改善知识结构，提升就业竞争力。

1. 单列计划。即参加国家统一考试，招生计划单列。例如，《教育部关于进一步落实好退役士兵就读中等职业学校和高等学校相关政策的通知》规定，要落实高职（专科）毕业生服义务兵役退役后接受普通本科教育办法，各省级教育行政部门指定的部分省属公办本科普通高校举办普通专科起点升本科教育，应采取计划单列、自愿报名、统一考试、单独录取的办法，面向本省（区、市）具有普通高职（专科）毕业学历的退役士兵招生，学生在校学习时间一般为2年；专科起点升本科教育招生计划在国家核定的各省（区、市）普通高校年度招生本科事业计划总规模内单列，一般不超过当年本省（区、市）具有普通高职（专科）毕业学历退役士兵人数的30%。教育部等六部门印发的《高职扩招专项工作实施方案》也提出，针对退役军人等群体单列计划，扩大招生。

2. 单独招生。即单独考试、单独招录。例如，《关于促进新时代退役军人就业创业工作的意见》规定，鼓励各地将符合高考报名条件的退役军人纳入高等职业院校单独考试招生范围。

第三十五条 现役军人入伍前已被普通高等学校录取或者是正在普通高等学校就学的学生，服现役期间保留入学资格或者学籍，退役后两年内允许入学或者复学，可以按照国家有关规定转入本校其他专业学习。达到报考研究生条件的，按照国家有关规定享受优惠政策。

【条文主旨】

本条是关于入学复学的规定。

【条文释义】

一、退役后两年内允许入学或者复学

近年来，为了提高军队现代化水平，国家鼓励具有更高文化水平的青年投身国防事业，越来越多的军人入伍前就已经被普通高等学校录取或者是正在普通高等学校就学的学生。为了使这些大学生能够安心投身国防事业，保障其退役后顺利完成学业获得长远发展，本法对高校学生参军入伍后的学籍管理和退役后的复学等作出规定，主要制度安排包括三个方面：

一是服现役期间保留入学资格或者学籍。现役军人入伍前已被普通高等学校录取或者是正在普通高等学校就学的学生，服役期间保留入学资格或者学籍。

二是退役后两年内允许入学或者复学。允许入学，是指入伍前是保留入学资格还不具有学籍的退役军人重新入学，复学是指入伍前已经取得学籍在学的退役军人恢复学业。

三是可以按照国家有关规定转入本校其他专业学习。根据《普通高等学校学生管理规定》的规定，学生在学习期间对其他专业有兴趣和专长的，可以申请转专业。学校应当制定学生转专业的具体办法，建立公平、公正的标准和程序，健全公示制度。为了激发退役军人学习兴趣和潜能，满足多元化学习和发展需求，本法规定，现役军人入伍前已被普通高等学校录取或者是正在普通高等学校就学的学生，退役后两年内允许入学或者复学，可以按照国家有关规定转入本校其他专业学习。

二、报考研究生享受优惠政策

现役军人退役后，有些还有进一步提高知识水平、获得更高学历的需求。对于退役军人报考研究生，国家给予一定的优惠政策。根据《教育部办公厅关于进一步做好高校学生参军入伍工作的通知》规定，相关优惠政策包括：一是设立“退役大学生士兵”专项硕士研究生招生计划。根据实际需求，每年安排一定数量专项计划，专门面向退役大学生士兵招生。专项计划规模控制在5000人以内，在全国研究生招生总规模内单列下达，不得挪用。二是将高校在校生（含高校新生）服兵役情况纳入推免生遴选指标体系，鼓励开展推荐优秀应届本科毕业生免试攻读研究生工作的高校在制定本校推免生遴选办法时，结合本校具体情况，将在校期间服兵役情况纳入推免生遴选指标体系。三是在部队荣立二等功及以上的退役人员，符合研究生报名条件的可免试（指初试）攻读硕士研究生。应征入伍服义务兵役退役，在完成本科学业后3年内参加全国硕士研究生招生考试，初试总分加10分，同等条件下优先录取。退役军人报考研究生时，可以按照规定享受这些优惠待遇。

第三十六条　国家依托和支持普通高等学校、职业院校（含技工院校）、专业培训机构等教育资源，为退役军人提供职业技能培训。退役军人未达到法定退休年龄需要就业创业的，可以享受职业技能培训补贴等相应扶持政策。

军人退出现役，安置地人民政府应当根据就业需求组织其免费参

加职业教育、技能培训，经考试考核合格的，发给相应的学历证书、职业资格证书或者职业技能等级证书并推荐就业。

【条文主旨】

本条是关于职业技能培训的规定。

【条文释义】

一、为退役军人提供职业技能培训

教育培训是退役军人工作的一项重要内容，是人才队伍建设的重要组成部分。党中央、国务院、中央军委历来高度重视退役军人教育培训工作，明确了退役军人教育培训工作的方针、原则和政策。各级各部门认真贯彻落实退役军人教育培训政策，采取积极措施，其中就包括做好退役军人职业技能培训工作，把职业技能培训作为实现退役军人高质量充分就业的关键举措，切实打通从职业能力提升到稳定就业、成功创业的培训链路。

为适应时代发展的不同变化，满足不同服务对象的特点和需求，为退役军人提供更加充分和优质的职业技能培训，本条第一款规定，国家依托和支持普通高等学校、职业院校（含技工院校）、专业培训机构等教育资源，为退役军人提供职业技能培训。实践中，遵循“政府主导、依托社会、个人自愿、按需培训”的原则，可以委托地方院校、成人教育机构、职业培训机构承担具体工作，可以依托军队转业干部培训中心具体实施，还可以依托现有创业基地和公共实训基地进行职业培训，着力提高退役军人就业创业能力。通过广泛动员鼓励用人单位、人力资源公共服务机构、职业院校（含技工院校）、培训机构等社会力量共同参与技能提升行动，有效增加培训供给，扩大培训规模。推动产教融合、校企合作，鼓励支持建立退役军人职教联盟，实现学校培养与企业用人的有效衔接，力争实现“入学即入职”。鼓励开展项目制培训，采取“工学一体化”“职业培训包”“互联网+”等培训方式，融合线上学习与线下实训，打造具有时代特色、符合退役军人特点的网络教育培训平台。

在培训内容方面：一是重点抓好高中以下文化层次退役军人就业能力提升培训。结合区域产业特点，围绕市场急需紧缺职业，推出一批就业市场需求大、见效快的中短期培训项目，推动尽快就业、充分就业。加强职业能力、通用职业素质和求职能力等综合性培训，将职业道德、职业规范、工匠精神、质量意识、法律意识和相关法律法规、安全环保和健康卫生、就业指导等内容贯穿职业技能培训全过程，增强培训实用性，实现社会适应能力和职业技能双提升。二是加大中高级技能培训和新产业技能培训比例。对具有一定职业技能基础的退役军人，对照适合退役军人就业的职业目录，围绕先进制造业、战略性新兴产业、现代服务业，针对性开展就业市场潜力大、“含金量”高的新职业和新技能培训，加强军地职业技能衔接转化，拓宽就业方向、提升就业质量。鼓励具备条件的退役军人接受高级工、技师、高级技师培训，支持他们到高技能人才培训基地、技能大师工作室参加技能提升培训。三是积极审慎开展创业指导培训。对有创业意愿的退役军人，紧紧围绕服务乡村振兴、推进产业升级和打造“双创升级版”国家战略，重点跟进开展经营管理、品牌建设、市场拓展、风险防控以及产业政策培训。将返乡创业退役军人纳入返乡创业培训计划和农村实用人才带头人素质提升计划。

在培训组织方面：一是建立制度体系。要将退役军人作为重点群体，主动纳入本地各级职业技能提升行动计划，制定好退役军人参训政策实施细则，指导确定培训方向、补助项目和标准，明确退役军人享受补助的流程办法和具体条件，切实体现对退役军人的优待。二是优化工作格局。各级退役军人工作主管部门负责协同相关部门制定政策计划、整合资源和督导落实等统筹管理工作；退役军人培训和服务保障机构承担宣传发动、组织报名、统计报告等具体工作；广泛动员鼓励用人单位、人力资源公共服务机构、职业院校（含技工院校）、培训机构等社会力量共同参与技能提升行动，有效增加培训供给，扩大培训规模，形成对退役军人组织送训、分类承训、鉴定评价的完整规范培训链路。三是落实培训任务。激发培训主体积极性，推动产教融合、校企合作，鼓励支持建立退役军人职教联盟，实现学校培养与企业用人的有效衔接。

二、退役军人享受职业技能培训补贴等相应扶持政策

为了保障退役军人能够有效获取职业技能培训，为今后就业创业打下良好基础，本条第一款进一步规定，退役军人未达到法定退休年龄需要就业创业的，可以享受职业技能培训补贴等相应扶持政策。退役军人参加职业技能培训，可选择接受一次免费职业技能培训（免学杂费、免住宿费、免技能鉴定费），培训期间享受生活补助。教育培训期限一般为2年，最短不少于3个月。此外，退役军人也可申请参加当地职业技能提升行动计划等其他补贴培训项目，享受相应培训优惠。

三、安置地人民政府的职责

军人退出现役后，安置地人民政府在保障退役军人获得职业教育方面负有重要职责。本条第二款进一步明确了安置地人民政府的职责。主要包括：

一是根据就业需求组织退役军人免费参加职业教育、技能培训。既强调应当根据“就业需求”组织培训，提高培训的针对性和有效性；又明确职业教育、技能培训是免费的，不得向退役军人收取费用。二

是经考试考核合格的，发给相应的学历证书、职业资格证书或者职业技能等级证书。三是推荐就业。按照有关文件要求和工作安排，到2021年，基本实现退役军人职业技能培训体系基本健全，有职业技能培训意愿的参训率达到100%，参训人员职业技能证书（职业资格证书或职业技能等级证书、专项职业能力证书、培训合格证书等）获取率达到90%以上、培训后就业率达到85%以上。需要明确的是，安置地人民政府要依法做好工作，重点是“组织”好，而不是大包大揽地解决考核发证等所有具体问题。

第三十七条　省级人民政府退役军人工作主管部门会同有关部门加强动态管理，定期对为退役军人提供职业技能培训的普通高等学校、职业院校（含技工院校）、专业培训机构的培训质量进行检查和考核，提高职业技能培训质量和水平。

【条文主旨】

本条是关于培训机构管理的规定。

【条文释义】

为了规范培训秩序、提高培训质量，国务院《关于加强退役士兵职业教育和技能培训工作的通知》要求，建立健全退役士兵职业教育和技能培训目标考核体系和教育培训机构年检制度，加强对教育培训机构的监督和指导。本法在吸收相关政策规定的基础上，从法律层面作了进一步明确。

一、管理主体

国务院退役军人工作主管部门负责全国退役军人就业创业培训管理工作的政策制定、业务指导，各省、市级退役军人工作主管部门负责统筹本省、市退役军人培训机构确定和评估管理工作，县级退役军人工作主管部门开展相关工作。全国建立了退役军人事务、教育、财政、人力资源和社会保障等部门共同参与的教育培训工作机制，指导各地建立退役士兵教育培训目标考核体系和教育培训机构年检制度。为了加强统筹，本条规定，由省级人民政府退役军人工作主管部门会同有关部门加强动态管理。

二、监督管理对象

根据本条规定，监督管理对象包括为退役军人提供职业技能培训的普通高等院校、职业院校、技工院校、公办和民办培训机构、企业实训基地、创业孵化基地、职工培训中心等多种类型机构。这些培训机构通常是采取申报签约方式确定的，培训机构可向当地退役军人工作主管部门提出承训申请。退役军人工作主管部门核实申请条件，遵循平等自愿原则依法与符合条件培训机构签订承训合同。有条件的地方可开展公开招标。对于具备基本条件和承训意愿的培训机构，应纳入尽纳入。

三、监督管理内容

依据本条规定，监督管理内容主要是定期对为退役军人提供职业技能培训的普通高等学校、职业院校（含技工院校）、专业培训机构的培训质量进行检查和考核。加强教育培训质量的过程管理和结果考核，以学员获取职业资格证书、毕业证书（培训合格证书）和就业效果为考核的主要内容。鼓励各地引入第三方监督机制，委托有资质的社会中介组织对教育培训机构的培训质量及资金使用情况进行评估。对完不成教育培训任务、达不到要求的教育培训机构，取消其退役士兵职业教育和技能培训资格。

实践中，退役军人工作主管部门设定绩效目标，开展履约管理，执行绩效监控，及时掌握培训项目实施进度和绩效目标实现情况。采取“双随机、一公开”、绩效评估等多种监管方式，督促承训主体严格履行承训合同。培训结束后，各地退役军人工作主管部门应通过学员回访、检查培训记录等形式对学员参加培训的真实性和申报资料的完整性逐一核实，严防虚假培训。

第五章　就业创业

本章共10条，主要规范了就业创业基本原则、政府职责、残疾退役军人就业保障、就业创业服务、优先招录招聘、拓宽就业渠道、工龄计算、创业优惠、融资税收优惠、招用退役军人就业优惠政策等制度。

第三十八条　国家采取政府推动、市场引导、社会支持相结合的方式，鼓励和扶持退役军人就业创业。

【条文主旨】

本条是关于就业创业基本原则的规定。

【条文释义】

就业是最大的民生。解决好我国重点行业、重点群体的就业问题，是中国特色社会主义制度优越性的具体体现。改革开放以来特别是党的十八大以来，我们在这方面沿着两条路径积累了丰富经验：一是更好发挥政府保障和改善民生的作用，统筹建设就业公共服务体系，健全劳动关系协调机制，完善重点群体就业支持体系，扩大公益性岗位安置，帮扶就业困难群体。二是充分发挥市场作用，鼓励创业带动就业，拓宽灵活就业渠道。

一、国家鼓励和扶持退役军人就业创业

本条对促进退役军人就业创业的基本原则作出规定，明确国家鼓励和扶持退役军人就业创业。在法律中明确这一原则，具有重要意义：

一是贯彻落实党中央、国务院决策部署的实际举措。军人退役到地方工作，是人生的重大转折，要安置好，也要使用好，继续发挥他们的作用。二是凝聚军心士气、实现强军目标的重要保障。退役军人就业创业工作做好了，作用发挥好了，个人价值得到较好实现，不仅对退役军人自身和家庭具有“安神定心”作用，也有利于解除广大现役军人的后顾之忧，促进他们安心服役，有效履行新时代军队的崇高使命，有利于吸引更多高素质人才积极投身国防和军队建设事业，真正把国防潜力转化为国防实力。三是发挥人才作用、助推经济发展的内在要求。退役军人是重要人力资源，帮助他们迈好工作转轨、事业转型、人生转段的关键一步，有利于他们更快融入社会、更好发挥作用，为社会主义现代化建设贡献智慧和力量。

二、鼓励和扶持就业创业的方式

《关于促进新时代退役军人就业创业工作的意见》提出，新时代退役军人就业创业工作要以习近平新时代中国特色社会主义思想为指导，坚持政府推动、政策优先，市场导向、需求牵引，自愿选择、自主作为，社会支持、多方参与，调动各方面力量共同推进，保障退役军人在享受普惠性就业创业扶持政策和公共服务基础上再给予特殊优待。

本条将国家鼓励和支持的措施概括为“采取政府推动、市场引导、社会支持相结合的方式”。这一规定，既体现了政府和社会对退役军人的关爱优待，又符合社会主义市场经济体制对劳动力资源配置的要求。具体而言：一是政府推动。政府在扶持退役军人就业创业方面积极发挥作用，在政策扶持、公共服务、宣传引导、组织协调等方面担负起职责。政府要广泛调动社会资源、引导市场积极吸纳，支持退役军人就业，扶持退役军人创业，同时通过督促落实促进退役军人就业创业各项优惠举措，引导退役军人自主就业创业。二是市场引导。就业创业归根结底属于市场行为，要发挥市场在资源配置中的决定性作用，根据市场需求，提高就业创业服务的针对性、实效性。三是社会支持。退役军人就业创业工作是一项系统工程，是全社会的共同责任，要调动政府、市场、社会各方面力量共同推进。

从世界一些主要国家的通行做法看，扶持退役军人就业创业是解决退役军人安置的主要渠道。美国、英国、法国、俄罗斯等军事大国，多采取对退役军人发放一次性退役金或就业补贴的方式，保障退役军人就业创业权益。近年来，我国通过政府资助开展退役军人教育和培训等方式提升退役军人就业创业能力，利用税收优惠等政策扶持退役军人就业创业，积极保障退役军人优先就业权、搭建与用人单位沟通平台、开展创业孵化，有效帮助了退役军人就业创业。退役军人工作主管部门作为帮助退役军人就业创业的服务者，要积极引导市场积极吸纳、调动社会资源广泛支持退役军人就业，扶持退役军人创业，通过落实促进退役军人就业创业优惠举措，引导退役军人自主就业创业，帮助退役军人实现个人价值，保障退役军人就业创业权益。

第三十九条　各级人民政府应当加强对退役军人就业创业的指导和服务。

县级以上地方人民政府退役军人工作主管部门应当加强对退役军人就业创业的宣传、组织、协调等工作，会同有关部门采取退役军人专场招聘会等形式，开展就业推荐、职业指导，帮助退役军人就业。

【条文主旨】

本条是关于政府职责的规定。

【条文释义】

一、对退役军人就业创业的指导和服务

党和国家历来高度重视退役军人就业创业工作，各级人民政府采取多种形式提供指导和服务。各级人民政府组织退役军人专场招聘活动，为退役军人搭建就业平台，提供政策咨询、发布就业信息、组织人才交流、开展就业创业培训、制定和落实有关优惠措施，指导教育培训机构积极与各类企业等用人单位建立密切联系，建立完善校企合作培养机制，根据就业需求和退役士兵学员特点设置课程，大力开展“订单式”教育和培训，强化就业指导。

二、退役军人工作主管部门的职责

随着社会主义市场经济的发展，国家不断调整完善退役军人安置方式，将退役军人就业创业工作提到了新高度，既适应了经济社会发展需要，又与全面深化国防和军队改革相协调。按照本法规定，县级以上地方人民政府退役军人工作主管部门主要有以下职责：

1. 宣传、组织和协调。县级以上地方人民政府退役军人工作主管部门在退役军人就业创业方面担负重要职责，应当注重加强对退役军人就业创业的宣传、组织、协调等工作。一是加大对退役军人就业的宣传力度，向用人单位展示退役军人的专业专长和优秀品质，提高退役军人的社会认可度、知名度；二是加强组织、协调工作，会同人力资源和社会保障、税务、市场监管等有关部门为退役军人就业创业提供便利条件，主动协调公共就业人才服务机构、优质人力资源机构，建立健全人才供需信息平台，统筹解决退役军人就业创业过程中面临的实际困难。

2. 多种形式推荐就业。县级以上人民政府退役军人工作主管部门应当通过集中宣传、定点宣传等方式，宣传退役军人就业创业优惠政策。加强退役军人的适应性培训，开展择业指导、就业推荐，组织专场招聘会，拓宽退役军人就业渠道。建立退役军人就业创业台账，统计好属地退役军人总数、新增退役军人就业数、登记退役军人失业数等基础数据，对有就业创业需求的，及时推荐适合就业岗位、提供创业扶持；对出现下岗失业的，及时纳入再就业帮扶范围，确保广大自主就业退役军人就业有去处、创业有扶持、失业有帮扶。

第四十条　服现役期间因战、因公、因病致残被评定残疾等级和退役后补评或者重新评定残疾等级的残疾退役军人，有劳动能力和就业意愿的，优先享受国家规定的残疾人就业优惠政策。

【条文主旨】

本条是关于残疾退役军人就业保障的规定。

【条文释义】

为了体现党和政府对残疾退役军人的特殊关爱，本条规定，残疾退役军人有劳动能力和就业意愿的，优先享受国家规定的残疾人就业优惠政策。

一、残疾退役军人的范围

残疾退役军人包括服现役期间因战、因公、因病致残被评定残疾等级和退役后补评或者重新评定残疾等级的残疾退役军人。根据《军人抚恤优待条例》的规定，因对敌作战，抢救和保护国家财产、人民生命财产或者执行反恐怖任务和处置突发事件，执行军事演习、战备航行飞行、空降和导弹发射训练、试航试飞任务以及参加武器装备科研试验，执行外交任务或者国家派遣的对外援助、维持国际和平任务等原因导致残疾的，认定为因战致残；因在执行任务中或者在上下班途中发生意外，患职业病等原因导致残疾的，认定为因公致残；义务兵和初级士官因疾病导致残疾的，认定为因病致残。残疾的等级，根据劳动功能障碍程度和生活自理障碍程度确定，由重到轻分为1级至10级。残疾等级的具体评定标准由有关部门规定。

二、优先享受国家规定的残疾人就业优惠政策

做好残疾退役军人保障工作，既要解决好残疾人最关心、最直接、最现实的利益问题，不断增进残疾人福祉，又要充分发挥残疾人的积极性、主动性和创造性，提高残疾人自我发展能力，通过优惠政策鼓励残疾退役军人创业就业，发挥更大作用，实现自身价值，帮助残疾人通过自身努力创造更加幸福的生活。

立法过程中，有的意见提出，不应将“有劳动能力”作为限制条件，避免给残疾退役军人享受优惠政策设置障碍。经研究，本法采纳了这一意见，在提供就业优惠政策时，应当充分考虑其“就业意愿”。

残疾人就业优惠政策主要包括：

一是按比例安排残疾人就业。国家实行按比例安排残疾人就业制度。国家机关、群团组织、企业事业单位和社会组织应当按照规定的比例安排残疾人就业，并为其选择适当的工种和岗位。达不到规定比例的，按照国家有关规定履行保障残疾人就业义务。国家鼓励用人单位超过规定比例安排残疾人就业。“规定比例”是指用人单位安排残疾人就业的最低比例不得低于本单位在职职工总数的1.5%，具体比例由省、自治区、直辖市人民政府根据本地区的实际情况规定。如果用人单位安排残疾人就业达不到其所在地省、自治区、直辖市人民政府规定比例的，应当缴纳残疾人就业保障金。

二是稳定发展残疾人集中就业。国家对安排残疾人就业达到、超过规定比例或者集中安排残疾人就业的用人单位和从事个体经营的残疾人，依法给予税收优惠，并在生产、经营、技术、资金、物资、场地等方面给予扶持。例如，福利企业、盲人按摩机构和残疾人辅助性就业机构等残疾人集中就业单位参照社会福利机构享受城市建设与公用事业收费优惠。

三是多渠道扶持残疾人自主创业和灵活就业。通过对残疾人自主创业、灵活就业和为残疾人提供就业岗位的个体工商户的扶持政策，对符合条件的自主创业、灵活就业残疾人，按规定给予税费减免和社会保险补贴，帮助安排经营场所、提供启动资金支持。建立完善残疾人创业孵化机制，扶持残疾人创业致富带头人。对符合条件的残疾人全面做好创业担保贷款支持和配套金融服务。借助“互联网+”行动，鼓励残疾人利用网络就业创业，给予设施设备和网络资费补助。扶持残疾人社区就业、居家就业。

四是大力发展残疾人辅助性就业和多种形式就业。为辅助性就业残疾人提供工资性补贴和社会保险补贴，对辅助性就业机构设施设备、无障碍改造等给予补助。政府开发的公益性岗位优先安排符合就业困难人员条件的残疾人。扶持残疾人亲属就业创业，实现零就业残疾人家庭至少有一人就业。

党和国家高度重视残疾退役军人权益保障，有关部门要贯彻落实好残疾退役军人就业优惠政策，切实让残疾退役军人感受到党和政府对残疾退役军人的关心关爱。

第四十一条　公共人力资源服务机构应当免费为退役军人提供职业介绍、创业指导等服务。

国家鼓励经营性人力资源服务机构和社会组织为退役军人就业创业提供免费或者优惠服务。

退役军人未能及时就业的，在人力资源和社会保障部门办理求职登记后，可以按照规定享受失业保险待遇。

【条文主旨】

本条是关于就业创业服务的规定。

【条文释义】

一、公共人力资源服务机构的免费就业创业服务

公共人力资源服务机构，根据就业促进法和《人力资源市场暂行条例》的规定，是指县级以上人民政府设立的公共就业和人才服务机构，公共人力资源服务经费纳入政府预算。公共人力资源服务机构提供人力资源供求、市场工资指导价位、职业培训等信息发布，职业介绍、职业指导和创业开业指导，就业创业和人才政策法规咨询，对就业困难人员实施就业援助，办理就业登记、失业登记等服务，不得收费。

各级人民政府应发挥属地主体作用，引导各类公共人力资源服务机构，免费为退役军人提供就业创业指导服务。县级以上人民政府举办从事人才交流、人才就业服务等活动的公共人力资源服务机构应当免费为退役军人提供职业介绍、创业指导服务。自主就业退役军人可申请由公共就业人才服务机构提供档案管理、职业介绍和职业指导、人事关系代理等服务，涉及档案管理、人事代理的，应按照“属地管理、相对集中”的原则，由属地退役军人工作主管部门协调公共就业人才服务机构统一办理。按照《退役士兵安置条例》的规定，各级人民政府举办的公共就业人才服务机构，应当免费为退役士兵提供档案管理、职业介绍和职业指导服务。

二、鼓励经营性人力资源服务机构和社会组织提供免费或者优惠就业创业服务

经营性人力资源服务机构，根据就业促进法和《人力资源市场暂行条例》的规定，是指依法设立的从事人力资源服务经营活动的机构；国家通过政府购买服务等方式支持经营性人力资源服务机构提供公益性人力资源服务；国家鼓励社会各界为公益性就业服务提供捐赠、资助。

县级以上人民政府退役军人工作主管部门应当鼓励利用非国有资产举办的各类人力资源服务机构为退役军人提供免费或优惠服务。鼓励人力资源服务机构搭建退役军人就业创业信息对接平台，帮助有需要的退役军人、优秀企业，精准、高效匹配退役军人人力资源。支持各地对发挥促进退役军人就业作用突出的人力资源服务机构，制定落

实减免场地租金、给予奖励补贴、确定诚信服务机构、入选行业骨干企业等政策措施。倡导县级以上人民政府退役军人工作主管部门向社会力量购买人力资源服务，加大对退役军人就业推介、创业扶持的投入力度，充分发挥人力资源服务机构的职能优势和专业优势，为促进退役军人就业创业提供坚强的人力资源服务支撑。

三、依法享受失业保险待遇

失业保险是国家社会保险制度之一，用以保障公民在失业情况下依法从国家和社会获得物质帮助的权利。根据军人保险法、《退役士兵安置条例》的规定，退役军人服现役的年限视同失业保险缴费年限，即军人服役时视同参加了失业保险，其服役年限视同参加失业保险缴费年限。实践中，部分军人退役后一段时间内找不到合适工作，或者灵活就业，未实际参保缴费，按照现行《失业保险条例》关于“按照规定参加失业保险，所在单位和本人已按照规定履行缴费义务满1年”的规定，无法领取失业保险待遇，基本生活保障不够。

本法制定过程中，有的意见提出，建议将退役后未能及时就业的退役军人纳入失业保险保障范围，允许其按照军龄年限享受失业保险待遇，确保退役军人获得失业保障。综合考虑现行法律法规立法精神和多方面意见，本法采纳了上述建议，在本条第三款规定，退役军人未能及时就业的，在人力资源和社会保障部门办理求职登记后，可以按照规定享受失业保险待遇。在享受失业保险待遇的同时，失业人员也要积极主动地寻求再就业的机会，积极参与各种就业培训，不断提高自身素质，增强就业能力。

第四十二条　机关、群团组织、事业单位和国有企业在招录或者招聘人员时，对退役军人的年龄和学历条件可以适当放宽，同等条件下优先招录、招聘退役军人。退役的军士和义务兵服现役经历视为基

层工作经历。

退役的军士和义务兵入伍前是机关、群团组织、事业单位或者国有企业人员的，退役后可以选择复职复工。

【条文主旨】

本条是关于优先招录招聘的规定。

【条文释义】

一、适当放宽学历年龄等条件，优先招录招聘

军人职业劳动强度大、风险程度高，服役期间约束性强、贡献付出多，退役后应当受到全社会的尊重和优待。绝大多数退役军人退役后需要自主就业，而他们在部队学习掌握的多为军事专业技能，许多与地方并不通用，政府需要出台优惠政策鼓励用人单位积极吸纳退役军人就业，社会各界也应增强拥军意识，共同帮助退役军人就业，以体现对退役军人的关心优待。为此，本条明确了退役军人参加机关、群团组织、事业单位和国有企业招录招聘时享受就业优待的权益，即可以放宽年龄和学历条件，同等条件下优先招录、招聘。根据关于做好艰苦边远地区基层公务员考试录用工作的规定，退役军人报考艰苦边远地区基层公务员的，还可以享受放宽招考专业限制、不限制工作年限工作经历、合理降低开考比例、单独划定笔试合格分数线等优待措施。

本条规定着眼于：一是为全社会接收安置退役军人树立榜样。机关、群团组织、事业单位和国有企业等单位社会关注度高、示范作用大、吸引力强，带头做好退役军人接收安置工作，必将有力推动全社会各用人单位更好地履行接收退役军人的义务。二是切实保证安置工作质量。机关、群团组织、事业单位和国有企业用工比较规范，社会保险各项待遇能按要求落实，有利于提升退役军人安置质量。

退役军人具有政治立场坚定、组织纪律严明、能吃苦、团队精神强等优秀品质，是国家政治建设、经济建设、社会建设的重要力量。在我国，优先、定向招录政策一直在积极探索中，北京、上海等地出台相应政策、拿出岗位，从退役军人中招录工作人员。

有的国家也从本国实际情况出发，对退役军人就业予以一定的特殊照顾。例如，据有关研究资料介绍，韩国规定，从业人员在20人以上的企业，按照员工总数的3%—8%的比例招录退役人员就业。美国规定，退役军人在政府部门工作有优先权，政府雇用警卫人员、电梯司机、通信员、管理人员和其他勤杂人员时，首先从退役军人中招聘，只有当招收数量满员额时才考虑非退役军人。意大利规定，所有公共部门，即国家和地方政府负责支付工资的部门，每年新增工作岗位，保留30%用于安置退役军人，鼓励私营企业接收退役军人。印度规定，政府机关、公营企业和国有银行等单位在招收三类和四类雇员时为退伍军人保留一定的名额，中央政府为退役军人保留10%的C级职位和20%的D级职位，公营公司和国有银行三类雇员招收名额的14.5%和四类雇员招收名额的24.5%预留给退伍军人。英国规定，私营工厂保留5%的劳动缺额，用来雇用退役军人；凡雇主雇用工人20人以上者，按规定留用一定数量的残疾退役军人，并不得随意解雇，电梯及停车场的管理人员法定由残疾退役军人担任。这说明，即使市场经济高度发展的国家，也会通过政府干预来帮助退役军人就业。

二、服现役经历视为基层工作经历

目前，国家和地方的公务员考试录用，一般都要求报考人员必须具备相应的基层工作经历。例如，2021年度中央机关及其直属机构考试录用公务员公告规定，中央机关及其直属机构除部分特殊职位和专业性较强的职位外，主要招录具有2年以上基层工作经历的人员；招考职位明确要求有基层工作经历的，报考者须具备相应的基层工作经历。根据国家公务员局发布的中央机关及其直属机构公务员招考公告和指南等文件，基层工作经历，指的是在基层和生产一线的工作经历，即在县级以下党政机关、国有企事业单位、村（社区）组织及其他经济组织、社会组织等工作的经历；在军队团和相当于团以下单位工作的经历，退役士兵在军队服现役的经历，可视为基层工作经历。兵役法和《退役士兵安置条例》曾就此专门规定，退役士兵报考公务员、应聘事业单位职位的，在军队服现役经历视为基层工作经历。在此基础上，本法规定，退役的军士和义务兵服现役经历视为基层工作经历。按照这一规定，军士和义务兵服现役不论在哪一级单位服役，都应当作为基层工作经历。

三、可选择复职复工

在本法制定过程中，有的意见建议，应当允许军人退役后回入伍前原工作单位工作。按照《退役士兵安置条例》的规定，自主就业的退役士兵入伍前是国家机关、社会团体、企业事业单位工作人员或者职工的，退出现役后可以选择复职复工，其工资、福利和其他待遇不得低于本单位同等条件人员的平均水平。综合考虑退役安置工作实践和多方意见，本条第二款采纳了上述建议，规定退役的军士和义务兵入伍前是机关、群团组织、事业单位或者国有企业人员的，退役后可以选择复职复工。

第四十三条　各地应当设置一定数量的基层公务员职位，面向服现役满五年的高校毕业生退役军人招考。

服现役满五年的高校毕业生退役军人可以报考面向服务基层项目人员定向考录的职位，同服务基层项目人员共享公务员定向考录计划。

各地应当注重从优秀退役军人中选聘党的基层组织、社区和村专职工作人员。

军队文职人员岗位、国防教育机构岗位等，应当优先选用符合条

件的退役军人。

国家鼓励退役军人参加稳边固边等边疆建设工作。

【条文主旨】

本条是关于拓宽就业渠道的规定。

【条文释义】

本条立足退役军人特长优势，明确了报考基层公务员、共享公务员定向考录计划、鼓励参与稳边固边等拓宽退役军人就业的渠道，一方面体现国家对退役军人的就业优待，另一方面确保其最大限度发挥作用、实现人生价值。

一、加大基层公务员职位供应

退役军人可以通过转业、安排工作等安置方式成为公务员，也可以和普通公民一样通过考试成为公务员。为了加大优待力度，拓宽退役军人就业渠道，本条第一款专门规定，要拿出一定数量的基层公务员职位，面向服现役满5年的高校毕业生退役军人招考。根据上述规定，这部分职位，只有符合条件的退役军人可以报名，完全是在退役军人内部竞争。这为退役军人通过考试成为公务员提供了更多机会，充分体现了党和国家对退役军人的关心关爱。

二、加大基层服务项目岗位供应

为贯彻落实《国家中长期人才发展规划纲要（2010—2020年）》有关要求，实施高校毕业生基层培养计划，引导和鼓励高校毕业生到基层干事创业，中组部、教育部、人力资源和社会保障部、共青团中央制定《高校毕业生基层培养计划实施方案》，要求通过发放工作生活补贴、政府购买工作岗位、实施学费和助学贷款代偿、提供创业扶持等方式，每年组织一批高校毕业生到基层特别是农村基层任职、服务和自主创业。如大学生“村官”工作，“大学生志愿服务西部计划”、

“三支一扶”计划、“农村义务教育阶段学校教师特设岗位计划”等。为了引导和鼓励高校毕业生到基层就业，优化公务员队伍结构，中组部、人力资源和社会保障部、国家公务员局发布《关于开展从大学生村官等服务基层项目人员中考试录用公务员工作的通知》，决定从2010年起开展从大学生“村官”等服务基层项目人员中定向考录公务员工作；要求各省区市每年应当拿出公务员考录计划的10%—15%，面向大学生“村官”等服务基层项目人员定向考录。

为了体现对退役军人的优待，本条第二款在现有政策基础上，规定服现役满五年的高校毕业生退役军人可以报考面向服务基层项目人员定向考录的职位，同服务基层项目人员共享公务员定向考录计划。根据2021年度中央机关及其直属机构考试录用公务员公告，市（地）级以下中央机关直属机构（含参照公务员法管理的单位）设置10%—15%的计划，用于招录服务期满、考核合格的服务基层项目人员和在军队服役5年（含）以上的高校毕业生退役士兵。

三、注重从优秀退役军人中选聘基层干部

退役军人因其特殊的服役经历，执行力强、作风过硬、有奉献社会的意愿，退役军人就业创业工作的重要内容之一，就是要将退役军人作为经济社会建设的重要人力资源，与乡村振兴、生态保护、社会治理、稳边固边等国家战略有效对接。各地也在积极探索实践，比如江苏等地开展的退役士兵村官培养工程、贵州安顺探索的在优秀退役军人中选拔“兵支书”到基层一线等做法。《关于促进新时代退役军人就业创业工作的意见》要求，各级党政机关在组织开展选调生工作时，注意选调有服役经历的优秀大学生，鼓励退役军人到党的基层组织、城乡社区担任专职工作人员。在此基础上，本条第三款规定，各地应当注重从优秀退役军人中选聘党的基层组织、社区和村专职工作人员。

各地应当按照对党忠诚、勇于担当、公道正派、锐意创新的标准，选拔政治素质好、业务能力强、群众威信高的优秀退役军人充实到党的基层组织、村居“两委”和退役军人服务中心（站），切实加强基层特别是乡村振兴骨干队伍建设。

四、军队文职人员岗位、国防教育机构岗位优先招聘退役军人

在本法制定过程中，有的意见提出，军队非现役文职岗位、国防教育机构、革命纪念馆、革命烈士陵园等承担与国防和军队建设相关职能的岗位，适合退役军人发挥职业和专业优势，应当优先选用退役军人。经综合考虑各方面意见，本条第四款采纳了上述建议，规定军队文职人员岗位、国防教育机构岗位等，应当优先选用符合条件的退役军人。

根据《中国人民解放军文职人员条例》的规定，军队文职人员，是指在军民通用、非直接参与作战且社会化保障不宜承担的军队编制岗位从事管理工作和专业技术工作的非现役人员，是军队人员的组成部分。文职人员岗位，分为管理岗位和专业技术岗位两种类别。管理岗位是指担负领导职责或者管理任务的工作岗位。专业技术岗位是指从事专业技术和专业技能工作，具有相应专业技术、专业技能水平和能力要求的工作岗位。军队实行面向社会公开招考、直接引进和现役军人转改相结合的文职人员招录聘用制度。面向社会公开招考文职人员，适用于新招录聘用科级正职以下管理岗位的文职人员，以及中级以下专业技术岗位的文职人员；直接引进文职人员，适用于选拔高层次人才和特殊专业人才；现役军人转改文职人员，适用于选拔符合退役条件且拟作退役安置的现役军人。面向社会公开招考文职人员，一般按照制定计划、发布信息、资格审查、统一考试、面试体检、政治考核、结果公示、审批备案的程序进行；考试工作由全军统一组织实施；直接引进文职人员和现役军人转改文职人员的程序，参照上述规

定执行。现役军人转改文职人员，应当履行退役安置程序，由国家退役军人安置工作主管部门会同中央军事委员会有关部门组织实施。

国防教育机构岗位，一般来说，可以是承担国防教育工作机构的岗位，也可以是烈士陵园、革命遗址和其他具有国防教育功能的博物馆、纪念馆等国防教育基地的相关岗位。

五、鼓励退役军人参加边疆建设

注重边疆导向，是本法的一个亮点。为了鼓励退役军人发挥自身优势，加强边疆经济社会建设，促进国家长治久安，本法规定，国家鼓励退役军人参加稳边固边等边疆建设工作。

近年来，一些边疆地区的基层机关公务员队伍短缺、结构不合理等问题突出。为了加强基层公务员队伍建设，为艰苦边远地区经济社会发展提供坚强的人才保证，中组部、人力资源和社会保障部发布《关于做好艰苦边远地区基层公务员考试录用工作的意见》，要求适当降低上述地区基层公务员的进入门槛，推动工作力量向基层一线和艰苦边远地区倾斜；要求在西藏和四川、云南、甘肃、青海四省藏区以及新疆南疆地区县乡可以进一步采取单设职位招考、设置一定数量职位面向当地县乡事业编制人员和退役士官、士兵招考，必要时可不设开考比例。《关于促进新时代退役军人就业创业工作的意见》要求，各地特别是边疆地区、深度贫困地区结合实施乡村振兴、脱贫攻坚等战略，设置一定数量基层公务员职位面向退役军人招考，注重选派退役军人参与社会治理、稳边固边、脱贫攻坚等重点工作；西藏和四川、云南、甘肃、青海四省藏区以及新疆南疆地区县乡逐步扩大招考数量。

第四十四条　退役军人服现役年限计算为工龄，退役后与所在单位工作年限累计计算。

【条文主旨】

本条是关于工龄计算的规定。

【条文释义】

根据本条规定，退役军人服现役年限计算为工龄，退役后与所在单位工作年限累计计算。工龄是指劳动者以工资收入为生活的全部或主要来源的工作时间。工龄的长短标志着劳动者参加工作时间的长短，也反映了劳动者对社会和用人单位的贡献大小、知识经验的积累以及技术熟练程度的高低。机关、团体、企事业单位在确定职工的工资、生活、福利待遇时，往往以其工龄作为标准，因此工龄计算对保障退役军人的合法权益具有重要意义。本条规定是为了保障退役军人的权益，而对用人单位所附加的一种义务，要求所有机关、团体、企业事业单位等在计算工龄时，要将退役军人的服役期限计算为工龄，与其在本单位的工作年限累计计算。这同时也是退役军人回到地方安置的一项长期坚持的原则。兵役法规定，军人服现役年限计算为工龄，退出现役后与所在单位工作年限累计计算。《退役士兵安置条例》规定，退役士兵服现役年限计算为工龄，与所在单位工作年限累计计算，享受国家和所在单位规定的与工龄有关的相应待遇。本条吸收了兵役法、《退役士兵安置条例》有关工龄计算的立法精神，这样规定，主要是为今后退役军人社保接续、享受地方养老保险等所作出的规定。

第四十五条　县级以上地方人民政府投资建设或者与社会共建的创业孵化基地和创业园区，应当优先为退役军人创业提供服务。有条件的地区可以建立退役军人创业孵化基地和创业园区，为退役军人提供经营场地、投资融资等方面的优惠服务。

【条文主旨】

本条是关于创业优惠的规定。

【条文释义】

县级以上人民政府退役军人工作主管部门应当组织有创业意愿的退役军人，依托专业培训机构和大学科技园、众创空间、网络平台等，开展创业意识教育、创业项目指导、企业经营管理等培训，增强创业信心，提升创业能力。加强创业培训质量评估，对培训质量好的培训机构给予奖励。县级以上人民政府退役军人工作主管部门应主动引导企业和社会组织积极扶持退役军人创业，鼓励社会资本设立退役军人创业基金，拓宽资金保障渠道。组织动员创业经验丰富、关爱退役军人、热心公益事业的企业家和专家学者等人员，组成退役军人就业创业指导团队，发挥其在职业规划、创业指导、吸纳就业等方面的传帮带作用。积极倡导全社会共同参与退役军人就业创业，把政府提供公共服务、社会力量补充服务、退役军人自我服务结合起来，支持为退役军人就业创业服务的社会组织依法开展工作。

近年来，国家先后出台一系列鼓励创业创新的政策文件，要求加快创业孵化基地、众创空间等建设，试点推动老旧商业设施、仓储设施、闲置楼宇、过剩商业地产转为创业孵化基地；整合部门资源，发挥孵化基地资源集聚和辐射引领作用，为创业者提供指导服务和政策扶持，对确有需要的创业企业，可适当延长孵化周期；各地可根据创业孵化基地入驻实体数量和孵化效果，给予一定奖补。要求为入驻创业实体提供有效的综合服务和政策扶持，加大创业担保贷款贴息等政策落实力度，完善担保机制；注重对创业失败者的指导服务，帮助他们重树信心，再次实现就业创业。要求完善退役军人自主创业支持政策和服务体系；加大退役军人培训力度，依托院校、职业培训机构、创业培训中心等机构，开展创业意识教育、创业素质培养、创业项目指导、开业指导、企业经营管理等培训；大力扶持退役军人就业创业，落实好现有税收优惠政策，根据个体特点引导退役军人向科技服务业等新业态转移；推动退役军人创业平台不断完善，支持退役军人参加创新创业大会和比赛。

在此基础上，本法规定了对创业退役军人的相应优惠政策。由地方人民政府投资或社会共建的创业孵化基地和创业园区应当优先为退役军人创业提供服务，有条件的地区可专门建立退役军人创业孵化基地和创业园区，并按规定落实经营场地、水电减免、投资融资、人力资源、宣传推广等优惠服务。

第四十六条　退役军人创办小微企业，可以按照国家有关规定申请创业担保贷款，并享受贷款贴息等融资优惠政策。

退役军人从事个体经营，依法享受税收优惠政策。

【条文主旨】

本条是关于融资税收优惠的规定。

【条文释义】

一、创办小微企业享受创业担保贷款和贷款贴息

《统计上大中小微企业划分办法（2017）》对农、林、牧、渔业，采矿业，制造业等15个行业门类以及社会工作行业大类的企业，依据从业人员、营业收入、资产总额等指标或替代指标，将我国的企业划分为大型、中型、小型、微型四种类型。

创业担保贷款是指以具备规定条件的创业者个人或小微企业为借款人，由创业担保贷款担保基金提供担保，由经办此项贷款的银行业金融机构发放，由财政部门给予贴息，用于支持个人创业或小微企业扩大就业的贷款业务。国家设立普惠金融发展专项资金，作为用于支持普惠金融发展的专项转移支付资金，支持政策包括创业担保贷款贴息及奖补。

符合条件的退役军人可申请财政贴息支持。专项资金贴息的个人创业担保贷款，最高贷款额度为15万元，贷款期限最长不超过3年，贷款利率可在贷款合同签订日贷款基础利率的基础上上浮一定幅度，具体标准为贫困地区上浮不超过3个百分点，中西部地区上浮不超过2个百分点，东部地区上浮不超过1个百分点。符合条件的小微企业可申请财政贴息支持。专项资金贴息的小微企业创业担保贷款，贷款额度由经办银行根据小微企业实际招用符合条件的人数合理确定，最高不超过300万元，贷款期限最长不超过2年。对已享受财政部门贴息支持的小微企业创业担保贷款，可通过创业担保贷款担保基金提供担保形式支持。对还款积极、带动就业能力强、创业项目好的借款个人和小微企业，可继续提供创业担保贷款贴息，但累计次数不得超过3次。对获得市（设区市）级以上荣誉称号的创业人员、创业项目、创业企业，经金融机构评估认定的信用小微企业、商户、农户，经营稳定守信的二次创业者等特定群体原则上取消反担保。

二、从事个体经营依法享受税收优惠

本条第二款规定退役军人从事个体经营依法享受税收优惠政策。自主就业退役士兵从事个体经营的，自办理个体工商户登记当月起，在3年（36个月）内按每户每年12000元为限额依次扣减其当年实际应缴纳的增值税、城市维护建设税、教育费附加、地方教育附加和个人所得税。限额标准最高可上浮20%，各省、自治区、直辖市人民政府可根据本地区实际情况在此幅度内确定具体限额标准。纳税人年度应缴纳税款小于上述扣减限额的，减免税额以其实际缴纳的税款为限；大于上述扣减限额的，以上述扣减限额为限。纳税人的实际经营期不足1年的，应当按月换算其减免税限额。换算公式为：减免税限额=年度减免税限额÷12×实际经营月数。城市维护建设税、教育费附加、地方教育附加的计税依据是享受本项税收优惠政策前的增值税应纳税额。

一些地方也出台了相关政策，例如，《广东省促进退役军人就业创业的若干政策措施》规定，在国家规定时间内，自主就业退役士兵从事个体经营的，自办理个体工商户登记当月起，在3年内以每户每年14400元为限额依次扣减其当年实际应缴纳的增值税、城市维护建设税、教育费附加、地方教育附加和个人所得税。从事个体经营的军队转业干部（必须持有师以上部队颁发的转业证件），自领取营业执照之日起，3年内免征增值税和个人所得税。

此外，除了融资和税收优惠政策，实践中一些地方对退役军人创业采取创业补贴等扶持政策。例如，安徽省《退役军人就业起航行动实施方案》规定，退役2年以内的自主就业退役军人首次创办小微企业且正常经营6个月以上的，给予5000元一次性创业补贴。《广东省促进退役军人就业创业的若干政策措施》规定，退役军人成功创办初创企业且正常经营6个月以上符合条件的，给予10000元一次性创业资助。

第四十七条 用人单位招用退役军人符合国家规定的，依法享受税收优惠等政策。

【条文主旨】

本条是关于招用退役军人就业优惠政策的规定。

【条文释义】

通过税收优惠等措施鼓励用人单位招用退役军人，是解决退役军人就业的重要措施。在起草过程中，草案曾经规定“企业”招用退役军人享受税收优惠，有的意见提出，招用退役军人依法享受税收优惠等政策的主体范围不应仅限于企业，还应包括事业单位、社会组织等用人单位。经研究，本法将“企业”修改为“用人单位”，从而调动各方面招用退役军人的积极性。

一、税收优惠

《财政部、国家税务总局关于全面推开营业税改征增值税试点的通知》规定，为安置自主择业的军队转业干部就业而新开办的企业，凡安置自主择业的军队转业干部占企业总人数60%（含60%）以上的，自领取税务登记证之日起，3年内免征营业税（营改增后提供应税服务的免征增值税）。

《关于进一步扶持自主就业退役士兵创业就业有关税收政策的通知》规定，企业招用自主就业退役士兵，与其签订1年以上期限劳动合同并依法缴纳社会保险费的，自签订劳动合同并缴纳社会保险当月起，在3年内按实际招用人数予以定额依次扣减增值税、城市维护建设税、教育费附加、地方教育附加和企业所得税优惠。定额标准为每人每年6000元，最高可上浮50%，各省、自治区、直辖市人民政府可根据本地区实际情况在此幅度内确定具体定额标准。企业按招用人数和签订的劳动合同时间核算企业减免税总额，在核算减免税总额内每月依次扣减增值税、城市维护建设税、教育费附加和地方教育附加。

企业实际应缴纳的增值税、城市维护建设税、教育费附加和地方教育附加小于核算减免税总额的，以实际应缴纳的增值税、城市维护建设税、教育费附加和地方教育附加为限；实际应缴纳的增值税、城市维护建设税、教育费附加和地方教育附加大于核算减免税总额的，以核算减免税总额为限。纳税年度终了，如果企业实际减免的增值税、城市维护建设税、教育费附加和地方教育附加小于核算减免税总额，在企业所得税汇算清缴时以差额部分扣减企业所得税。当年扣减不完的，不再结转以后年度扣减。

自主就业退役士兵在企业工作不满1年的，应当按月换算减免税限额。城市维护建设税、教育费附加、地方教育附加的计税依据是享受本项税收优惠政策前的增值税应纳税额。

二、融资优惠

根据《普惠金融发展专项资金管理办法》的规定，小微企业当年新招用符合创业担保贷款申请条件的人数达到企业现有在职职工人数20%（超过100人的企业达到10%），并与其签订1年以上劳动合同的，可以按照规定申请财政贴息支持。根据该管理办法的规定，“符合创业担保贷款申请条件”的人员也包括退役军人。

三、补贴或奖励

一些地方出台的政策中有给予补贴或奖励的内容。例如，山东省《关于设立专项基金开展退役军人创业扶持和困难帮扶的实施意见（试行）》规定，对初创小微企业吸纳退役军人（不含创业者本人）就业，并与退役军人签订1年以上期限劳动合同、依法缴纳社会保险费满1年的，每吸纳1名退役军人就业，给予3000元一次性奖励。对退役军人创办的初创小微企业，满足上述条件，每吸纳1名退役军人就业，给予5000元一次性奖励。《广东省促进退役军人就业创业的若干政策措施》对吸纳退役1年内的退役军人就业，且相关人员稳定就业（签订劳动合同并参加社会保险）1年以上的用人单位（机关、事业单位除外），由就业补助资金按每人10000元标准给予补贴。

除了物质方面的支持，还有荣誉等方面的鼓励。例如，《关于促进新时代退役军人就业创业工作的意见》规定，对退役军人就业做出突出贡献的企业，给予表彰、奖励。

第六章　抚恤优待

本章主要内容分为两个方面：一是明确普惠与优待叠加的原则，对于普通公民享有的普惠性政策和公共服务，退役军人同样享有，同时，国家还结合服现役期间所做贡献和各地实际情况给予优待。二是合理确定优待范围，在住房、医疗、交通、文化和旅游、帮扶援助等方面，对退役军人给予相应优待。本章共9条，主要规范了优待原则、量化标准体系、社会保险、住房优待、医疗优待、公共交通以及文化和旅游优待、养老优待、帮扶援助、残疾抚恤等制度。

第四十八条　各级人民政府应当坚持普惠与优待叠加的原则，在保障退役军人享受普惠性政策和公共服务基础上，结合服现役期间所做贡献和各地实际情况给予优待。

对参战退役军人，应当提高优待标准。

【条文主旨】

本条是关于优待原则的规定。

【条文释义】

一、抚恤优待工作历史情况

抚恤优待工作是一项传统工作，随着国家和军队的产生而产生，随着经济和社会的发展而发展。我国的抚恤优待制度历史悠久，孕育于原始社会末期，诞生于奴隶制社会时期，发展于封建社会阶段，成熟于民主主义革命和社会主义建设时期，改革开放以来特别是党的十八大以来开辟了优抚工作的新时代。

随着奴隶制国家的出现，奴隶主之间用暴力掠夺财富的军事冲突便随之产生，战争的需要产生了古代军队和军事制度，为了鼓舞士气，获取战争的胜利，统治阶级开始重视对军人及其家属的优抚。西周时期，太公尚辅佐周武王治军，曾提出“凡行军吏士有伤亡者，给其丧具，使归而葬，此坚军全国之道也。军人被创即给医药，使谨视之”。意思是说，对战死的军士要置备葬具安葬，对受伤的战士要妥善照顾。秦国在商鞅变法期间，将“军功受爵”原则列入了变法的主要内容。这些重要的优抚思想，奠定了优抚工作的发展基础。

封建社会中，由于军队本身在夺取和巩固政权中所处的重要地位，历代统治者都将优抚工作视为激励军人忠勇作战的一项国策加以推行。比如，宋朝规定“诏军士经战至废折者，给衣粮之半终其身”，“诸阵亡军士祖父母、父母无妻、子、孙依倚者，人日给米二升，终其身”。这一规定涵盖了抚恤、供养等多个方面，使优抚工作的内容有了新的扩展。从本质上来说，历史上统治阶级倡导和制定的这些优抚办法，目的都在于缓和社会矛盾、驱使军人为其献身效力，以维护和巩固其统治地位。

进入20世纪20年代，中国共产党创建了人民军队，掀开了优抚工作的新篇章。1931年，中华苏维埃第一次全国代表大会通过《中国工农红军优待条例》。1933年，《中华苏维埃共和国地方苏维埃暂行组织法》规定，各级苏维埃政府均应成立相应的优抚组织机构。中央革命军事委员会设立了专门的抚恤委员会，加强对优抚工作的组织领导。之后，在艰苦卓绝的人民战争中，以拥军支前、土地代耕、伤亡抚恤、褒扬优待为内容的全新优抚制度初步确立。

新中国成立后，优抚工作成为党和政府的一项常规性工作。为加强和规范这个时期的优抚工作，国家先后制定了《革命烈士家属革命军人家属优待暂行条例》《革命残废军人优待抚恤暂行条例》等五部法规，形成了优抚基本法律体系。

改革开放以来，优抚工作进入了新的发展阶段。党和政府更加重视优抚工作，十分关心优抚对象，站在国家长治久安、民族兴旺发达的高度，把切实维护军人和优抚对象合法权益、促进军队和国防建设作为一项事关全局的政治任务，摆上重要位置。优抚工作紧紧围绕党的中心工作，不断向深度和广度延伸，先后制定出台了《军人抚恤优待条例》和一系列综合性政策法规，初步形成了与社会主义市场经济体制相适应的优抚政策法规体系；确立了“思想教育、扶持生产、社会优待、国家抚恤、依法保障”的优抚工作方针；连续提高烈属、残疾军人等重点优抚对象抚恤补助标准，使优抚对象的基本生活得到保障。

进入新时代，优抚工作积极适应国家和军队建设需要，在继承中发展，在改革中加强。按照深化党和国家机构改革部署，国家组建了退役军人事务部，出台了《关于加强军人军属、退役军人和其他优抚对象优待工作的意见》，初步建立了符合我国国情，标准明确、内容明晰、科学适度的优待工作新机制，更科学地体现了国家和社会对国防贡献的褒扬。

纵观历史发展进程，可以清晰地看到，优抚工作是一项历史悠久、富有传统、政治鲜明、与时俱进的工作，地位十分重要、作用十分明显。

二、叠加原则

优抚工作兼具兜底解困和贡献激励的双重属性，属性转变随着经济社会的不断发展而动态调整。新中国成立初至改革开放前期，由于国家物质生产较为匮乏，优抚工作基于当时的生产力水平和对象的要求，相关政策以帮助对象解决生活困难为主。改革开放以来特别是党的十八大以来，随着我国社会主义生产力水平大幅提升，基本养老、基本医疗等多层次社会保障体系稳步建成，国家全面脱贫实现小康，全面建设社会主义现代化强国，开启了新征程，随之而来的广大退役军人对获得感幸福感荣誉感的向往也更加迫切。这就要求现行优抚政策更加突出贡献激励的属性，坚持待遇与贡献匹配、公民普惠待遇与抚恤优待叠加、保障水平与当地发展相适应，使退役军人更加充分更加公平地享有改革发展成果。

普惠与优待叠加，是一个极为重要的原则。对普通公民享有的普惠性保障，退役军人都可以享受，本法就不用再一一重复，对退役军人特有的优待、困难帮扶援助等，本法作了专门规定，重点、导向更加突出。

普惠与优待叠加原则，主要包括三层含义：

一是退役军人作为普通公民，依法享受国家向人民群众普遍提供的公共服务。

二是退役军人因其退役身份属性，依法在享受公共服务的基础上，可叠加享受国家对退役军人提供的普惠优待政策。

三是在退役军人优待政策中，有的是针对所有退役军人提供的普遍优待，有的是针对做出特殊贡献的退役军人进一步提供的特殊优待。比如本法提出参战退役军人特别优待机制。又如，《关于加强军人军属、退役军人和其他优抚对象优待工作的意见》明确了调整定期抚恤补助标准时适当向贡献大的优抚对象倾斜，各地按照保证质量、方便就医的原则，明确本地区医疗优待定点服务机构，为残疾军人、“三属”、现役军人家属、复员军人、参战参试退役军人、带病回乡退伍军人，提供普通门诊挂号、取药、缴费、检查、住院优先优惠服务等。

本条规定结合服现役期间所做贡献和各地实际情况给予优待，体现了“普惠与优待叠加”的原则，有利于更充分保护退役军人依法享受优待的权利，能够增强退役军人的获得感幸福感荣誉感。

三、对参战退役军人提高优待标准

参战退役军人在服役期间不畏牺牲、浴血奋战、奋勇杀敌，做出了突出贡献，应该给予更充分的、彰显激励的优待。本法专门规定国家建立参战退役军人特别优待机制，体现了这种精神。有关部门和地方应当在实践中结合优待措施类型和实际情况等因素具体确定，确保该规定得到切实有效的执行，凸显对参战退役军人的高标准优待。除此之外，本法还明确规定，在医疗优待方面，规定军队医疗机构、公立医疗机构应当为退役军人就医提供优待服务，并对参战退役军人、残疾退役军人给予优惠。

第四十九条　国家逐步消除退役军人抚恤优待制度城乡差异、缩小地区差异，建立统筹平衡的抚恤优待量化标准体系。

【条文主旨】

本条是关于量化标准体系的规定。

【条文释义】

一、逐步消除城乡差异、缩小地区差异

现行优抚政策除残疾军人外，“三属”（烈士遗属、因公牺牲军人遗属、病故军人遗属）、“三红”（在乡退伍红军老战士、在乡西路军红军老战士、红军失散人员）、在乡老复员军人、带病回乡退伍军人、参战参试退役军人、烈士老年子女等优抚对象，基本都是以“有无工作、有无生活来源”作为国家发给定期生活补助的条件，主要是帮助他们解决生活困难问题。但由于城乡、地区间经济发展水平客观上存在差异，各地政府规定的补助对象和补助标准不同，退役军人抚恤优待也相应存在城乡差异和地区差异。

党的十九届四中全会决定提出："坚持和完善统筹城乡的民生保障制度，满足人民日益增长的美好生活需要。"这需要辩证看待、正确理解我国仍处于并将长期处于社会主义初级阶段和我国社会主要矛盾的变化这两者之间的关系。处于初级阶段是长期的，需要发展；差异是相对而不是绝对的，需要统筹。为此，本条旨在打破以户籍身份和有无生活来源等为主要参考的优抚制度体系，消除或缩小城乡、地区间的优抚差异。

党和国家一直重视解决退役军人保障的城乡差异的问题，要求推进优抚保障政策城乡统筹，逐步调整基于城乡差别的现行政策规定，新出台法规政策要按照城乡统筹衔接的原则确定待遇及标准；要求合理确定抚恤优待对象范围，逐步消除抚恤优待制度城乡差异。近年来，中央财政连续提高部分退役军人抚恤补助标准，保障他们的生活水平与经济社会发展水平相适应，确保全面建成小康社会的奋斗成果惠及他们。同时，考虑到我国国土广大，各地区之间发展水平不同，地区差异客观存在，短时期内难以完全消除，优抚工作既要不断前进，也要考虑国情，因此，本法规定要逐步缩小地区差异。

二、建立统筹平衡的抚恤优待量化标准体系

目前规定的抚恤优待标准基本是以就业情况、收入水平等作为考虑因素，主要是帮助退役军人解决生活困难。在立法过程中，有的意见认为，现行政策没有明确参照指标，定期补助长期定位于解困层面、标准起点较低，确定提标幅度随意性较大、不够科学合理。考虑到这一问题比较复杂，统计指标也在随着经济社会发展相应变化、存在变数，综合考虑各方面意见，本法规定，建立统筹平衡的抚恤优待量化标准体系。下一步，国家将统筹考虑经济社会发展情况，参考统计部门发布的相关指标，逐步构建贡献与待遇相匹配，与国家和军队建设

改革相协调，与国民经济发展和对象需求相适应，能够体现贡献、公平规范、统筹平衡、动态完善的抚恤优待量化标准体系。

第五十条　退役军人依法参加养老、医疗、工伤、失业、生育等社会保险，并享受相应待遇。

退役军人服现役年限与入伍前、退役后参加职工基本养老保险、职工基本医疗保险、失业保险的缴费年限依法合并计算。

【条文主旨】

本条是关于社会保险的规定。

【条文释义】

一、退役军人依法参加社会保险并享受相应待遇

社会保险法规定了我国社会保险的项目、参保范围、参保人的基本权利和义务等，是着力保障和改善民生的法律制度，维护了包括退役军人在内的公民参加社会保险和享受社会保险待遇的合法权益。目前主要有以下几类社会保险：

1. 基本养老保险。基本养老保险主要包括机关事业单位养老保险、职工基本养老保险和城乡居民基本养老保险，为达到退休条件退出劳动领域的参保人员提供保障。职工应当参加职工基本养老保险，由用人单位和职工共同缴纳基本养老保险费；无雇工的个体工商户、未在用人单位参加基本养老保险的非全日制从业人员以及其他灵活就业人员可以参加基本养老保险，由个人缴纳基本养老保险费。社会保险法原则规定了新型农村社会养老保险和城镇居民社会养老保险。根据2014年国务院《关于建立统一的城乡居民基本养老保险制度的意见》的规定，在总结新型农村社会养老保险和城镇居民社会养老保险试点经验的基础上，国务院决定，将新农保和城居保两项制度合并实施，在全国范围内建立统一的城乡居民基本养老保险。年满 16 周岁（不含在校生），非国家机关和事业单位工作人员及不属于职工基本养老保险制度覆盖范围的城乡居民，可以在户籍地参加城乡居民养老保险。

2. 基本医疗保险。基本医疗保险包括职工基本医疗保险和城乡居民基本医疗保险。职工应当参加职工基本医疗保险，由用人单位和职工按照国家规定共同缴纳基本医疗保险费；无雇工的个体工商户、未在用人单位参加职工基本医疗保险的非全日制从业人员以及其他灵活就业人员可以参加职工基本医疗保险，由个人按照国家规定缴纳基本医疗保险费。社会保险法原则规定了新型农村合作医疗和城镇居民基本医疗保险制度，《关于整合城乡居民基本医疗保险制度的意见》规定，整合城镇居民基本医疗保险和新型农村合作医疗两项制度，建立统一的城乡居民基本医疗保险制度，覆盖除职工基本医疗保险应参保人员以外的其他所有城乡居民。农民工和灵活就业人员依法参加职工基本医疗保险，有困难的可按照当地规定参加城乡居民医保。2019 年 3 月后，生育保险和职工医疗保险两项保险合并实施，统一参保登记。

3. 失业保险。失业保险保障失业人员的基本生活，维持劳动力再生产，为重新就业创造条件。城镇企业事业单位职工应当参加失业保险，由用人单位和职工按照国家规定共同缴纳失业保险费；因失业而暂时失去工资收入的人员，依照《失业保险条例》规定，可以享受相应的失业保险待遇。

4. 工伤保险。工伤保险在劳动者因工作原因遭受意外伤害或者职业病而造成死亡、暂时或者永久失去劳动能力时，给予相关待遇保障的社会保险制度。职工应当参加工伤保险，由用人单位缴纳工伤保险费，职工不缴纳工伤保险费；职工因工作原因受到事故伤害或者患职业病，且经工伤认定的，按照社会保险法等法律法规规定享受工伤保险待遇。

5. 生育保险。生育保险是在怀孕和分娩的妇女劳动者暂时中断劳动时，由国家和社会提供医疗服务、生育津贴等保障的一种社会保险制度。职工应当参加生育保险，由用人单位按照国家规定缴纳生育保险费，职工不缴纳生育保险费；用人单位已经缴纳生育保险费的，其职工享受生育保险待遇，职工未就业配偶按照国家规定享受生育医疗费用待遇；生育保险待遇包括生育医疗费用和生育津贴。

需要指出的是，不同类型的社会保险，参加主体、缴费方式和享受待遇的条件也不同，退役军人根据法律法规等规定，参加社会保险并享受相关待遇。

二、关于社会保险缴费年限的计算

考虑到军人保险法、社会保险法和有关政策文件已经对保险衔接、转移接续等问题作出了全面规定，退役军人保障法草案最初没有规定缴费年限的计算问题。在立法过程中，有的意见提出，职工基本养老保险、职工基本医疗保险、失业保险的缴费年限计算直接关系到退役军人的切身利益，也是退役军人比较关心的问题，应当对该问题作出规定。根据上述意见，本法参考了军人保险法等法律，作出了衔接性规定，具体依照相关法律法规和政策文件执行。

1. 基本养老、基本医疗、失业保险。按照社会保险法规定，参加职工基本养老保险、职工基本医疗保险和失业保险的，要享受相应的保险待遇，均需要满足一定的缴费年限。因此，缴费年限的长短直接关系参保人的经济利益。本条规定退役军人服现役年限与入伍前、退役后参加职工基本养老保险、职工基本医疗保险、失业保险的缴费年限依法依规合并计算，最大限度保证了退役军人能够享受安置地与其同工龄人员相应的社会保险待遇，也体现对他们为国奉献的褒扬。

2. 生育保险、工伤保险。军人因战、因公死亡，以及因战、因公、因病致残的，依法给付军人死亡保险金、残疾保险金。已经评定残疾等级的因战、因公致残的军人退出现役参加工作后旧伤复发的，依法享受相应的工伤待遇。工伤保险、生育保险相关待遇标准与缴费年限没有必然关系，军人退役后参加工伤保险、生育保险，不涉及相关缴费年限的合并计算问题，符合相关条件的，依法享受相关工伤保险、生育保险待遇。

第五十一条　退役军人符合安置住房优待条件的，实行市场购买与军地集中统建相结合，由安置地人民政府统筹规划、科学实施。

【条文主旨】

本条是关于住房优待的规定。

【条文释义】

住房问题是各方普遍关注的一个问题。以往的政策法规曾从不同角度作出相应规定，例如，《关于加强军人军属、退役军人和其他优抚对象优待工作的意见》提出，在住房方面，适应国家住房保障制度改革发展要求，逐步完善优抚对象住房优待办法，改善优抚对象基本住房条件。在审查优抚对象是否符合购买当地保障性住房或租住公共租赁住房条件时，抚恤、补助和优待金、护理费不计入个人和家庭收入。符合当地住房保障条件的优抚对象，在公租房保障中优先予以解决。对符合条件并享受国家定期抚恤补助的优抚对象租住公租房，可给予适当租金补助或者减免。对居住农村的符合条件的优抚对象，同等条件下优先纳入国家或地方实施的农村危房改造相关项目范围。

退役军人保障法在总结我国长期以来对退役军人安置住房优待制度和实践经验的基础上，结合新形势下的需要，规定了市场购买与军地集中统建相结合的方式，同时强调由安置地人民政府统筹规划、科学实施。退役军人享受安置住房优待，需要符合一定条件。为满足退役军人合理居住需求、保障其合理住房权益，国家对达到一定服役年限、职务职级和服役表现的退役军人，采取分级分类保障的办法，提供相应安置住房优待。退役军人享受安置住房优待的具体条件，由军地有关部门研究明确。

第五十二条　军队医疗机构、公立医疗机构应当为退役军人就医提供优待服务，并对参战退役军人、残疾退役军人给予优惠。

【条文主旨】

本条是关于医疗优待的规定。

【条文释义】

一、义务主体为军队医疗机构、公立医疗机构

根据《医疗机构管理条例》《医疗机构管理条例实施细则》的规定，医疗机构的类别包括：（1）综合医院、中医医院、中西医结合医院、民族医医院、专科医院、康复医院；（2）妇幼保健院；（3）中心卫生院、乡（镇）卫生院、街道卫生院；（4）疗养院；（5）综合门诊部、专科门诊部、中医门诊部、中西医结合门诊部、民族医门诊部；（6）诊所、中医诊所、民族医诊所、卫生所、医务室、卫生保健所、卫生站；（7）村卫生室（所）；（8）急救中心、急救站；（9）临床检验中心；（10）专科疾病防治院、专科疾病防治所、专科疾病防治站；（11）护理院、护理站；（12）其他诊疗机构。国务院卫生行政部门负责全国医疗机构的监督管理工作。县级以上地方人民政府卫生行政部门负责本行政区域内医疗机构的监督管理工作。中国人民解放军卫生主管部门依照该条例和国家有关规定，对军队的医疗机构实施监督管理。

本条规定“应当”提供优待服务，义务主体是军队医疗机构、公立医疗机构。军队医疗机构、公立医疗机构以外的医疗机构也可以为退役军人提供优待或优惠服务。

二、为退役军人就医提供优待服务

《关于加强军人军属、退役军人和其他优抚对象优待工作的意见》规定，各地按照保证质量、方便就医的原则，明确本地区医疗优待定点服务机构，为残疾军人，烈属、因公牺牲军人遗属、病故军人遗属，现役军人家属、老复员军人、参战参试退役军人、带病回乡退伍军人开通优先窗口，提供普通门诊优先挂号、取药、缴费、检查、住院服务。各级各类地方医疗机构优先为伤病残、老龄优抚对象提供家庭医生签约和健康教育、慢性病管理等基本公共卫生服务。

三、对参战退役军人、残疾退役军人给予优惠

给予优惠是在就医费用方面采取的减免等措施。《关于加强军人军属、退役军人和其他优抚对象优待工作的意见》规定，组织优抚医院为残疾军人、“三属”、现役军人家属、老复员军人、参战参试退役军人、带病回乡退役军人优惠体检，提供免收普通门诊挂号费等服务。

相关部门和相关医疗机构应当及时完善相关制度、采取具体措施，确保本条规定的措施落到实处。

第五十三条　退役军人凭退役军人优待证等有效证件享受公共交通、文化和旅游等优待，具体办法由省级人民政府制定。

【条文主旨】

本条是关于公共交通、文化和旅游优待的规定。

【条文释义】

对退役军人实行公共交通、文化和旅游等优待，有利于激发退役军人的荣誉感、增强获得感，促进全社会形成拥军优属的良好风尚。

一、凭优待证等有效证件享受优待

优待证制度的实施，体现了国家对退役军人的关怀，有利于保障退役军人便捷、有效地享受各种优先优惠。优待证是持有人享受各项退役军人优待措施的凭证。准确识别退役军人身份，是交通运输、文化和旅游等公共服务行业和场所给予退役军人优惠待遇的前提和基础。《关于加强军人军属、退役军人和其他优抚对象优待工作的意见》提出，建立优待证制度，国家坚持统筹兼顾、稳步推进的原则，充分运用信息技术手段，逐步为退役军人统一制作颁发优待证，作为享受相应优待的有效证件。除优待证外，退役军人也可通过出示退伍证、转业证、军官退休证、文职干部退休证、退休士官证等能够证明其退役军人身份的有效证件，残疾退役军人还可出示残疾军人证，作为享受各项优待措施的证明。因此，本法规定，退役军人凭退役军人优待证等有效证件享受公共交通、文化和旅游等优待。

二、优待具体办法由省级人民政府制定

我国有关法律法规对现役军人、残疾军人在公共交通出行以及游览公园、博物馆、展览馆、名胜古迹等方面的优待措施作了明确规定。但是，对退役军人在公共交通、文化和旅游等方面的优待措施未作全面、具体规定，现有规定主要包括：一是《军人抚恤优待条例》第五十二条规定，军队离休、退休干部和退休士官的抚恤优待，依照本条例有关现役军人抚恤优待的规定执行。二是《关于保障道路客运领域军人依法优先出行权益有关事项的通知》对包括“残疾军人、军队离休退休干部和退休士官”等军人享受的优先购票、安检和乘车、候车环境和便利服务举措作了规定。三是2015年全国双拥工作领导小组发布、2019年修订的《全国双拥模范城（县）考评标准》将残疾退役军人“免费乘坐市内公共汽车、电车和轨道交通工具”和“参观游览当

地公园、博物馆、风景名胜区享受优待”列为考评项目。此外，《退役军人基本优待目录清单》将“鼓励影（剧）院提供减免入场票价等优惠服务”列入目录清单。

目前，我国各地区在经济社会发展方面的实际情况有所不同，各地区的公共交通运行能力、公共交通设施覆盖范围，以及博物馆、纪念馆、美术馆、公园、展览馆、名胜古迹、景区的数量、等级、经营状况、社会影响力等也各不相同，需要结合各地实际情况予以确定，因此各地实施的退役军人优待举措存在一定差异。为了做好这项工作，一些地方进行了积极探索，作出了一些规定，例如，2018 年河北省出台的《河北省退役军人公共服务优待办法（试行）》，规定退役军人在全省行政区域内的铁路、公路、航空、港口、金融、公园、风景名胜区、旅游风景区、博物馆、纪念馆、开放的文物保护单位、市民服务中心等公共服务机构和场所享受优先服务；在本省行政区域内游览政府投资兴办的公园、风景名胜区、旅游风景区、博物馆、纪念馆、开放的文物保护单位等场所，免门票费。2020 年 9 月山东省济南市出台《济南市退役军人免费乘坐城市公共交通工具实施办法》规定，济南市户籍的退役军人持拥军卡可免费乘坐济南市行政区域内常规城市公交、地铁线路。

考虑到公共交通、文化和旅游的经费主要是由各地城市政府承担，需要各地综合考虑自身财力等情况逐步推进，但如果各地差异过大，又容易产生攀比、引起矛盾，需要在一定范围内做好统筹协调，经反复研究，各方面认为，由省级统筹相对适宜。为此，本法规定，退役军人凭退役军人优待证等有效证件享受公共交通、文化和旅游等优待，具体办法由省级人民政府制定。

第五十四条　县级以上人民政府加强优抚医院、光荣院建设，充分利用现有医疗和养老服务资源，收治或者集中供养孤老、生活不能

自理的退役军人。

各类社会福利机构应当优先接收老年退役军人和残疾退役军人。

【条文主旨】

本条是关于养老优待的规定。

【条文释义】

一、对孤老、生活不能自理退役军人的收治和集中供养

1. 加强优抚医院、光荣院建设。优抚医院、光荣院在退役军人的医疗、养老等方面承担着重要保障职能。为确保优抚医院、光荣院重要保障作用的发挥，长期以来，我国一直高度重视优抚医院和光荣院的建设，不断加强政策保障力度。例如，1998 年《国务院办公厅关于加强优抚工作的通知》规定，优抚医院、光荣院是履行优抚保障的重要优抚事业单位，也是社会主义精神文明建设的窗口，地方各级人民政府要将其纳入当地经济和社会发展计划，纳入城乡建设规划，要通过加大财政投入和多渠道筹集资金的办法，不断解决优抚事业单位的设施改善问题，促进优抚事业单位的建设和发展。《军人抚恤优待条例》第四十五条规定，国家兴办优抚医院、光荣院，治疗或者集中供养孤老和生活不能自理的抚恤优待对象。《优抚医院管理办法》规定，国家兴办优抚医院，所需经费列入各级政府财政预算；优抚医院建设与发展应当纳入当地经济和社会发展总体规划和卫生事业发展规划，建设水平应当与当地经济和社会发展相适应。《光荣院管理办法》规定，国家兴办光荣院，所需经费列入同级地方政府预算。光荣院的建设服务水平应当与当地经济和社会发展相适应，满足集中供养和服务需求。《关于加强军人军属、退役军人和其他优抚对象优待工作的意见》规定，国家兴办的光荣院、优抚医院，对鳏寡孤独的退役军人实行集中供养；对常年患病卧床、生活不能自理的优抚对象优先提供服务并按规定减免相关费用；组织优抚医院为残疾退役军人、“三属”、老复员军人、参战参试退役军人、带病回乡退伍军人优惠体检，提供免收普通门诊挂号费和优先就诊、检查、住院等服务。为此，本条第一款在上述规定的基础上，对县级以上人民政府加强优抚医院、光荣院建设的义务作了规定。

2. 充分利用现有医疗和养老服务资源。为切实加强对孤老、生活不能自理退役军人的医疗和养老保障，除充分发挥优抚医院、光荣院重要作用外，还应广泛调动和利用其他医疗和养老服务资源来对孤老、生活不能自理的退役军人进行收治和集中供养。这一方面为退役军人提供了更为充分的保障，另一方面也能使现有的医疗和养老服务资源得到充分利用，避免浪费。对此，国务院有关部门作了一些规定，例如，1997 年民政部《农村敬老院管理暂行办法》规定，在没有光荣院的地方可以优先接受孤老优抚对象入院供养。2014 年民政部、原国土资源部、住房和城乡建设部《优抚对象住房优待办法》规定，符合供养条件的优抚对象，应当优先安排到当地光荣院、福利院等机构集中供养。除上述规定外，县级以上人民政府还可充分利用本地区医疗优待定点服务机构等，为孤老、生活不能自理退役军人提供收治优待；充分发挥公办养老机构和公建民营养老机构的兜底保障作用，为符合条件的退役军人提供供养、护理服务；等等。

二、优抚医院、光荣院的性质及种类

"优抚医院"是国家为残疾军人和在服役期间患严重慢性病、精神疾病的复员退伍军人等优抚对象提供医疗和供养服务的优抚事业单位，包括荣誉军人康复医院、复员退伍军人慢性病医院、复员退伍军人精神病医院和综合性优抚医院。

"光荣院"是国家集中供养孤老和生活不能自理的抚恤优待对象，并对其实行特殊保障的优抚事业单位。

三、优抚事业单位的宗旨职责

优抚事业单位应当主要用于治疗或者集中供养孤老、生活不能自理的抚恤优待对象。优抚医院和光荣院应当坚持全心全意为退役军人等优抚对象服务的办院宗旨。

1. 依据《优抚医院管理办法》的规定，优抚医院应当为在院优抚对象提供良好的医疗服务和生活保障，主要包括：(1) 健康检查；(2) 疾病诊断、治疗和护理；(3) 康复训练；(4) 健康指导；(5) 精神慰藉；(6) 生活必需品供给；(7) 生活照料；(8) 文体活动。优抚医院应当加强对在院优抚对象的思想政治工作，发挥优抚对象在光荣传统教育中的重要作用；针对在院残疾军人的残情特点，实施科学有效的医学治疗，探索常见后遗症、并发症的防治方法，促进生理机能恢复，提高残疾军人生活质量；采取积极措施，控制在院慢性病患者病情，减轻其痛苦，降低慢性疾病对患者造成的生理和心理影响；对在院精神疾病患者进行综合治疗，促进患者精神康复；对精神病患者实行分级管理，预防发生自杀、自伤、伤人、出走等行为；在做好优抚对象服务工作的基础上，积极履行医疗机构职责，发挥自身医疗专业特长，为社会提供优质医疗服务；通过社会服务提升业务能力，改善医疗条件，不断提高优抚对象医疗和供养水平。

2. 依据《光荣院管理办法》的规定，光荣院应当为服务对象提供下列供养服务：(1) 提供饮食；(2) 提供生活必需品；(3) 提供住房；(4) 提供医疗、康复、护理、保健服务；(5) 提供学习娱乐、精神关怀服务；(6) 提供清洁卫生、安全保卫服务；(7) 提供心理抚慰等社会工作服务；(8) 其他服务。集中供养对象未满 16 周岁或者已满 16 周岁仍在接受义务教育的，光荣院应当保障其接受义务教育所需费用。光荣院提供的饮食应当符合食品安全要求，并根据服务对象的需要适当调整；为服务对象提供必备的服装、被褥、生活用具和适合老年人、残疾人居住需求的生活设施，并为其提供适当的出行条件；保持服务对象住房整洁，帮助其搞好个人卫生，并提供必要的照料，保证其在院期间的人身安全；与当地医疗机构建立协作关系，保证患病的服务对象得到及时治疗，并积极推进医养结合的服务模式；建立服务对象个人医疗和健康档案，为服务对象提供定期体检服务和健康教育服务，帮助服务对象制定医疗康复计划。光荣院实行24小时值班制度，对生活不能自理的服务对象实行全日制护理，并配置配备拐杖、轮椅或者其他辅助器具；为服务对象创造良好的生活环境，安排好物质文化生活，组织学习教育，开展有益于身心健康的文体休闲活动；对有能力并自愿参加劳动和公益活动的服务对象，可安排其从事力所能及的劳动和公益活动，丰富日常生活。光荣院应当关爱服务对象，为其组织必要的心理咨询和社会交往活动，使服务对象得到精神慰藉。

四、各类社会福利机构优先接收老年或残疾退役军人的义务规定

1. 社会福利机构。是指国家、社会组织和个人举办的，为老年人、残疾人、孤儿和弃婴提供养护、康复、托管等的服务机构。其按服务对象可分为老年人社会福利机构、残疾人社会福利机构和儿童社会福利机构；按兴办主体可分为政府兴办的社会福利机构和社会力量兴办的社会福利机构。

2. 优先接收老年或残疾退役军人的义务。为切实加强对孤老、生活不能自理退役军人的医疗和养老保障，除充分发挥优抚医院、光荣院重要作用外，还应广泛调动和利用其他医疗和养老服务资源来对孤老、生活不能自理的退役军人进行收治和集中供养。这一方面为退役军人提供了更为充分的保障，另一方面也能使现有的医疗和养老服务资源得到充分利用。有关政策法规曾对此作出规定，例如，《军人抚恤优待条例》第四十五条第二款规定，各类社会福利机构应当优先接收抚恤优待对象。为此，本法规定，各类社会福利机构应当优先接收老年退役军人和残疾退役军人。

第五十五条　国家建立退役军人帮扶援助机制，在养老、医疗、住房等方面，对生活困难的退役军人按照国家有关规定给予帮扶援助。

【条文主旨】

本条是关于帮扶援助的规定。

【条文释义】

加强困难退役军人帮扶援助工作，是新形势下做好退役军人服务保障的重要内容，对服务军地改革发展、促进社会和谐稳定、体现社会优待具有重要意义。

一、建立退役军人帮扶援助机制

党的十八大以来，部分地方在困难退役军人帮扶援助方面做了一些有益探索，取得了很多经验。考虑到困难退役军人的帮扶援助涉及养老、医疗、住房等多个方面，牵涉部门众多，为了促使部门间加强协调，形成工作合力，解决实践中存在的推进不平衡、对象范围不明确、办理程序不规范等问题，有必要加强顶层设计，建立统一、有效的退役军人帮扶援助机制，坚持政府主导、社会参与，立足济难解困，创新工作方式方法，统筹利用现有资金渠道，充分调动社会力量，及时为困难退役军人提供多主体供给、多渠道保障的帮扶援助。《关于加强困难退役军人帮扶援助工作的意见》提出，地方各级各有关部门要把困难退役军人帮扶援助工作摆上重要位置，切实强化政治责任和使命担当；要建立健全在政府统一领导下，退役军人工作主管部门统筹协调，民政、财政、住房城乡建设、医疗保障等部门各司其职、密切配合的工作机制。因此，本条明确规定国家建立退役军人帮扶援助机制，目的就是要充分发挥该机制的统筹协调作用，使各部门能够各司其职、密切配合，共同做好对困难退役军人的帮扶援助工作。《关于加强困难退役军人帮扶援助工作的意见》从导致退役军人生活困难的情形出发，规定因五种情形导致生活陷入困境的退役军人，可根据困难程度和现实表现，申请帮扶援助，具体包括：（1）因服役期间致残或因患有严重疾病等原因造成退役后本人就业困难，医疗和康复等必需支出突然增加超出家庭承受能力，导致生活出现严重困难的；（2）因服役时间长、市场就业能力弱等原因造成长期失业或突然下岗，导致生活出现严重困难的；（3）因旧伤复发、残情病情加重等原因，导致生活出现严重困难的；（4）因火灾水灾、交通事故、重大疾病、人身伤害、见义勇为等突发事件，导致生活出现严重困难的；（5）遭遇其他特殊情况导致生活出现严重困难的。在现有政策文件和各地实践的基础上，本法规定，国家建立退役军人帮扶援助机制，在养老、医疗、住房等方面，对生活困难的退役军人按照国家有关规定给予帮扶援助。

二、帮扶援助与社会救助等保障措施的关系

按照普惠与优待叠加的原则，退役军人在享受社会救助等保障措施之后，仍然存在困难的，可以申请帮扶援助。

社会救助制度是保障困难群众基本生活的托底性制度，具体包括最低生活保障、特困人员供养、受灾人员救助、医疗救助、教育救助、住房救助、就业救助、临时救助等内容。2014 年国务院《社会救助暂行办法》对我国公民享受上述各类社会救助待遇的条件、方式、程序等作了明确规定。符合社会救助条件的退役军人可以享受社会救助待遇，同时，可以按规定申请帮扶援助，退役军人服务中心（站）应当给予积极协助。

自 2019 年 1 月开始，陕西、河北、山东、广东等地陆续设立退役军人关爱基金、困难帮扶基金，构建社会力量关爱退役军人体系，重点对享受普惠性救助政策后仍然生活困难的退役军人进行临时性、应急性救助。以陕西省为例，陕西省退役军人关爱基金成立于 2019 年 1

月，是由省退役军人事务厅、省国资委与省慈善协会合作，设立在陕西省慈善协会为退役军人提供关爱服务的开放性专项基金，广泛动员社会各界爱心人士和企业自愿捐助，首批募集资金达6000万元。关爱基金对享受有关保障待遇后生活仍有困难的陕西退役军人和军属，给予临时性、应急性帮扶援助并开展困难退役军人家庭的技能培训、科技推广、贫困助学等扶智项目，实现普惠保障与特殊关怀相结合。截至2020年7月，陕西省退役军人关爱基金已累计发放1903.1万元，为1283名特困退役军人提供了帮扶援助。

第五十六条　残疾退役军人依法享受抚恤。

残疾退役军人按照残疾等级享受残疾抚恤金，标准由国务院退役军人工作主管部门会同国务院财政部门综合考虑国家经济社会发展水平、消费物价水平、全国城镇单位就业人员工资水平、国家财力情况等因素确定。残疾抚恤金由县级人民政府退役军人工作主管部门发放。

【条文主旨】

本条是关于残疾抚恤的规定。

【条文释义】

党和国家十分重视对残疾退役军人的抚恤，在有关法律法规和部门规章中对抚恤残疾退役军人及其待遇作了规定，有针对性地制定了相关政策文件，使残疾退役军人享受抚恤的权利得到了有力保障。为了进一步做好残疾退役军人抚恤工作，突出重点，并与有关法律做好衔接，为有关法规提供依据、留出接口，本条对残疾退役军人依法享受抚恤作了规定。

一、残疾退役军人按照残疾等级依法享受抚恤

1. 残疾退役军人。残疾退役军人包括三类：因战致残退役军人、因公致残退役军人、因病致残退役军人。本条中的残疾退役军人与

2019 年退役军人事务部《伤残抚恤管理办法》规定的享受伤残抚恤的退役军人的范围一致，即指在服役期间因战因公致残退出现役的军人，在服役期间因病评定了残疾等级退出现役的残疾军人。

2. 残疾退役军人抚恤的相关法律法规。主要包括：宪法第四十五条第二款规定，国家和社会保障残废军人的生活。国防法第六十五条规定，国家和社会抚恤优待残疾军人，对残疾军人的生活和医疗依法给予特别保障；因战、因公致残或者致病的残疾军人退出现役后，县级以上人民政府应当及时接收安置，并保障其生活不低于当地的平均生活水平。残疾人保障法第十二条规定，国家和社会对残疾军人实行特别保障，给予抚恤和优待。《军人抚恤优待条例》第二十六条规定，退出现役的残疾军人，按照残疾等级享受残疾抚恤金。此外，《伤残抚恤管理办法》对享受伤残抚恤的退役军人的范围、补办评定残疾等级、残疾军人证和档案管理、伤残抚恤关系转移、抚恤金发放等作了具体规定。

3. 按照残疾等级享受残疾抚恤金。

（1）根据本条第二款“残疾退役军人按照残疾等级享受残疾抚恤金”的规定，办理残疾等级评定是残疾退役军人享受抚恤金待遇的前提。残疾的等级，根据劳动功能障碍程度和生活自理障碍程度确定，由重到轻分为 1 级至 10 级。因战、因公致残，残疾等级被评定为 1 级至 10 级的，享受抚恤；因病致残，残疾等级被评定为 1 级至 6 级的，享受抚恤。退出现役的残疾军人，按照残疾等级享受残疾抚恤金。

（2）现役军人因战、因公致残，医疗终结后符合评定残疾等级条件的，应当评定残疾等级。因此，在大多数情况下，残疾等级应当是退役军人在服役期间进行评定，但由于特殊原因，因战、因公致残的退役军人在服役期间未能及时评定等级的，依据《军人抚恤优待条例》《伤残抚恤管理办法》的规定，上述退役军人可以退出现役后或者医疗终结满 3 年后，补办残疾等级评定。此外，对已经评定残疾等级的退役军人，因原致残部位残疾情况变化与原评定的残疾等级明显不符的，也有权申请调整残疾等级。

二、残疾抚恤金标准确定的原则

残疾抚恤金，是对残疾军人具有生活保障性质的一种补偿费用，其金额标准不仅关系到残疾退役军人享受物质待遇水平的高低，而且关系到抚恤金制度能否健康、可持续发展。因此，为合理确定抚恤金标准，本条第二款规定国务院退役军人工作主管部门会同国务院财政部门综合考虑国家经济社会发展水平、消费物价水平、全国城镇单位就业人员工资水平、国家财力情况等因素确定。

上述规定说明：一是抚恤金标准明确由国务院退役军人工作主管部门会同国务院财政部门确定。国务院其他部门、地方人民政府及其有关部门无权确定抚恤金标准。二是退役军人事务部和财政部不能随意确定抚恤金标准，需要在综合考虑各项因素的基础上予以科学确定。用于标准确定的因素主要包括：（1）国家经济社会发展水平；（2）消费物价水平；（3）全国城镇单位就业人员工资水平；（4）国家财力情况。三是确定的抚恤金标准并非固定不变，而是应随着上述因素的变动适时予以调整。据统计，从改革开放以来，我国共计 27 次提高残疾军人残疾抚恤金标准。例如，2020 年退役军人事务部、财政部发出通知，从 2020 年 8 月 1 日起，将残疾军人的残疾抚恤金标准在现行基础上提高 10%，调整后，一级因战、因公、因病残疾军人抚恤金标准为每人每年 96970 元、93910 元、90830 元，分别比 2019 年提高了 8820 元、8540 元、8260 元。四是拉开档次、体现差别。一级残疾军人由于完全丧失劳动能力，其抚恤金标准应当参考全国城镇非私营单位就业人员工资水平确定，其他各个残疾等级依次按一定比例酌减；同一等级因战、因公和因病致残的抚恤金标准，拉开档次，体现差别。

三、残疾退役军人享受的抚恤待遇

1. 残疾抚恤金。残疾退役军人不论在职在乡、有无工作单位以及生活是否困难，均享受残疾抚恤金。

2. 因战、因公致残的残疾退役军人因旧伤复发死亡的，由县级人民政府退役军人工作主管部门按照因公牺牲军人的抚恤金标准发给其遗属一次性抚恤金，其遗属享受因公牺牲军人遗属抚恤待遇。因战、因公、因病致残的残疾退役军人因病死亡的，对其遗属增发 12 个月的残疾抚恤金，作为丧葬补助费；其中，因战、因公致残的 1 级至 4 级残疾退役军人因病死亡的，其遗属享受病故军人遗属抚恤待遇。

3. 1 级至 4 级残疾退役军人，由国家供养终身；其中，对需要长年医疗或者独身一人不便分散安置的，经省级人民政府退役军人工作主管部门批准，可以集中供养。对分散安置的 1 级至 4 级残疾退役军人发给护理费。

四、残疾抚恤金的发放

依据《伤残抚恤管理办法》的规定，残疾军人退役或者向政府移交，必须自军队办理了退役手续或者移交手续后 60 日内，向户籍迁入地的县级人民政府退役军人工作主管部门申请转入抚恤关系。伤残人员跨省迁移户籍时，应同步转移伤残抚恤关系。

伤残人员从被批准残疾等级评定后的下一个月起，由户籍地县级人民政府退役军人工作主管部门按照规定予以抚恤。伤残人员抚恤关系转移的，其当年的抚恤金由部队或者迁出地的退役军人工作主管部门负责发给，从下一年起由迁入地退役军人工作主管部门按当地标准发给。由于申请人原因造成抚恤金断发的，不再补发。

在境内异地（指非户籍地）居住的伤残人员或者前往我国香港特别行政区、澳门特别行政区、台湾地区定居或者其他国家和地区定居的伤残人员，经向其户籍地（或者原户籍地）县级人民政府退役军人工作主管部门申请并办理相关手续后，其伤残抚恤金可以委托他人代领，也可以委托其户籍地（或者原户籍地）县级人民政府退役军人工作主管部门存入其指定的金融机构账户，所需费用由本人负担。

伤残人员本人（或者其家属）每年应当与其户籍地（或者原户籍地）的县级人民政府退役军人工作主管部门联系一次，通过见面、人脸识别等方式确认伤残人员领取待遇资格。当年未联系和确认的，县级人民政府退役军人工作主管部门应当经过公告或者通知本人或者其家属及时联系、确认；经过公告或者通知本人或者其家属后60日内仍未联系、确认的，从下一个月起停发伤残抚恤金和相关待遇。伤残人员（或者其家属）与其户籍地（或者原户籍地）退役军人工作主管部门重新确认伤残人员领取待遇资格后，从下一个月起恢复发放伤残抚恤金和享受相关待遇，停发的抚恤金不予补发。

第七章　褒扬激励

将对退役军人的褒扬激励纳入法治轨道，有利于彰显退役军人为国家和人民牺牲奉献的精神风范和价值导向，有利于激励广大退役军人积极参加新时代中国特色社会主义建设，有助于营造参军受尊崇、退役受尊重的浓厚社会氛围。本章共8条，分别规定了荣誉激励机制、迎接仪式、光荣牌、参加庆典、参与爱国主义教育和国防教育、典型宣传、编录地方志、烈士纪念设施和军人公墓等制度。

第五十七条　国家建立退役军人荣誉激励机制，对在社会主义现代化建设中做出突出贡献的退役军人予以表彰、奖励。退役军人服现役期间获得表彰、奖励的，退役后按照国家有关规定享受相应待遇。

【条文主旨】

本条是关于荣誉激励机制的规定。

【条文释义】

一、建立退役军人荣誉激励机制

加强对退役军人的物质保障和褒扬激励是做好退役军人工作的一体两面。对退役军人进行精神激励、慰问，不仅能够增强退役军人的荣誉感和获得感，充分调动退役军人继续为社会主义现代化建设贡献力量的积极性，也能在社会上营造出崇军、拥军、爱军的良好氛围，真正使军人成为全社会尊崇的职业。广大退役军人继续保持和发扬人民军队光荣传统和优良作风，在党和人民最需要的地方建功立业，在各自岗位作出骄人业绩，涌现出了张富清等优秀退役军人代表，赢得了全社会的广泛赞誉，为广大退役军人树立了标杆。2019 年 7 月在全国退役军人工作会议上，中共中央组织部、人力资源和社会保障部、退役军人事务部、中央军委政治工作部等军地相关部门联合表彰张富清等 401 名同志为“全国模范退役军人”。为推动退役军人事务领域表彰奖励的规范化科学化，充分发挥先进典型的示范引领作用，更好地激励广大退役军人珍惜荣誉、永葆本色，更加积极地投身社会主义现代化建设事业，2020 年 1 月，中共中央组织部、人力资源和社会保障部、退役军人事务部、中央军委政治工作部等军地相关部门联合印发《退役军人事务工作表彰奖励办法》，其中将“全国模范退役军人”“先进军休干部”作为常设项目之一，并明确表彰周期为 5 年。同时，对表彰奖励的范围名额、表彰方式、任务分工、表彰程序、表彰监督等进行了系统规范。2020 年 1 月《关于加强军人军属、退役军人和其他优抚对象优待工作的意见》提出，要着眼建立健全优抚对象荣誉体系，进一步强化精神褒扬和荣誉激励。因此，在上述规定基础上，本条规定国家建立退役军人荣誉激励机制，目的就是进一步强化对退役军人进行荣誉激励的保障，以法律条文的形式将荣誉激励制度固定下来，并加强各相关部门的统筹协调，共同做好退役军人荣誉激励工作。

二、立功受奖退役军人享受相应待遇

立功受奖是军人荣誉体系的重要组成部分，是评判广大军人政治思想、军事素质、日常表现、个人能力等综合素质的重要指标，主要包括嘉奖、三等功、二等功、一等功和荣誉称号五种类型。近年来，我国一直在加大对退役军人的优抚工作力度，保障获得表彰和奖励的军人在退役后享受相应待遇是重要工作内容之一，这对于有效提升军人军属的荣誉感，激发广大军人创先争优的积极性和主动性等具有十分重要的作用。目前，党和国家有关文件对退役后如何享受相应待遇

作了规定。在此基础上，本法规定，退役军人服现役期间获得表彰、奖励的，退役后按照国家有关规定享受相应待遇。

第五十八条　退役军人安置地人民政府在接收退役军人时，应当举行迎接仪式。迎接仪式由安置地人民政府退役军人工作主管部门负责实施。

【条文主旨】

本条是关于迎接仪式的规定。

【条文释义】

一、举行迎接仪式

宪法第五十五条规定，保卫祖国、抵抗侵略是中华人民共和国每一个公民的神圣职责，依照法律服兵役和参加民兵组织是中华人民共和国公民的光荣义务。多年来，为入伍新兵举行欢送仪式，在仪式上向光荣应征入伍的新兵表示祝贺，向积极支持国防建设的新兵家长们表示敬意等已成为我国各地的通行做法。

入伍光荣，退役同样光荣。军人退出现役时面临着身份的转换并不断地适应新的身份，举行迎接仪式，是军人身份转变的一种过渡仪式。常态化的过渡仪式，是对身份转换、角色转变的公开确认，能更好地帮助军人适应新的身份。把举办迎接仪式写入法律，既是对退役军人过往奉献的肯定，也是将优待举措落到实处的一种督促，更能凸显“一日当兵、一生光荣”的浓厚氛围。安置地是退役军人离开部队，重新开始社会生活和参加工作的地方。对于退役军人的迎接仪式，各地也作了一些有益的探索，实践证明，在安置地为退役军人举行迎接仪式，能够使退役军人感受到当地人民的热情，能够增强退役军人的荣誉感、归属感、幸福感，有利于退役军人继续保持军人本色，更加积极地投身当地建设，为地方经济社会发展做出贡献。2020 年 1 月

《关于加强军人军属、退役军人和其他优抚对象优待工作的意见》在荣誉激励方面对此提出明确要求，即要为入伍、退役的军人举行迎送仪式。

二、安置地退役军人工作主管部门负责实施

本条在明确规定安置地人民政府应当为退役军人举行欢迎仪式的基础上，进一步规定迎接仪式由安置地人民政府退役军人工作主管部门负责实施。目前，全国各地退役军人工作主管部门已普遍开展退役军人迎接仪式工作，并结合自身实际，不断丰富迎接仪式内容。例如，有的地方将迎接仪式和适应性培训、就业创业培训、专场招聘等内容有机整合，引导退役军人尽快适应退役生活，尽早融入当地社会；帮助退役军人合理规划工作生活，树立正确择业观，合理调整就业预期；掌握就业创业知识，搭建就业创业和教育培训平台等。

第五十九条　地方人民政府应当为退役军人家庭悬挂光荣牌，定期开展走访慰问活动。

【条文主旨】

本条是关于光荣牌的规定。

【条文释义】

一、悬挂光荣牌

为退役军人等优抚对象家庭悬挂光荣牌是我国优抚工作的一项传统业务。1950 年 12 月颁布的《革命烈士家属革命军人家属优待暂行条例》规定，“尊重并提高烈、军属社会地位，予以精神的安慰，如：贺功贺喜、挂光荣匾、重要节日慰问、开会设立烈、军属席等”。长期以来，各地按照国家有关法规政策规定，积极做好悬挂光荣牌工作，营造了拥军优属的良好社会氛围，但由于国家层面只有原则性要求，各地光荣牌的悬挂范围、名称、材质、规格、落款均不尽相同，影响了政策效果。

为落实中央决策部署、弘扬拥军优属的光荣传统、营造全社会尊崇军人职业浓厚氛围，结合各地传统做法，2018 年 7 月 30 日，国务院办公厅印发《为烈属、军属和退役军人等家庭悬挂光荣牌工作实施办法》，规定了光荣牌悬挂范围、名称、材质、规格、落款等，明确了工作原则、落实主体、工作要求等。其中，第二条规定，光荣牌的悬挂对象是烈士遗属、因公牺牲军人遗属、病故军人遗属家庭和中国人民解放军现役军人家庭、退役军人家庭。第三条规定，光荣牌称号统一为“光荣之家”。第四条规定，悬挂光荣牌工作坚持彰显荣誉、规范有序、分级负责、属地落实的原则。第五条规定，省级人民政府退役军人事务主管部门负责本省份光荣牌的统一制作。县级人民政府退役军人事务主管部门会同当地人民武装部门组织落实本行政区域内光荣牌的具体悬挂工作。

为进一步细化要求、规范管理，2019 年 8 月，退役军人事务部印发《光荣牌悬挂服务管理工作规定（试行）》，主要明确了光荣牌悬挂工作的目的、定义、适用范围、悬挂原则、职责分工、悬挂范围、生产管理、组织实施、监督管理等要求。2020 年 1 月《关于加强军人军属、退役军人和其他优抚对象优待工作的意见》提出，在荣誉激励方面，为退役军人等家庭悬挂光荣牌。各地认真落实上述规定要求，有序推进光荣牌悬挂工作，目前已基本完成为实施办法实施前的既有对象悬挂光荣牌工作，转入常态化悬挂。据统计，截至 2020 年年底，全国已为包括退役军人家庭在内的 4000 万余户对象家庭悬挂了光荣牌，社会反响良好。

二、定期开展走访慰问

走访慰问作为地方人民政府开展军人优抚工作的传统业务，对弘扬拥军优属优良传统、增强军人军属荣誉感和自豪感发挥了重要作用。走访慰问一般采取召开慰问大会、座谈会、茶话会、登门看望、发放慰问金（品）等多种形式进行。拥军优属走访慰问以精神抚慰为主，物质慰问为辅。

为进一步做好对包括退役军人在内优抚对象的走访慰问工作，《为烈属、军属和退役军人等家庭悬挂光荣牌工作实施办法》第十三条规定，各地区应结合悬挂光荣牌工作和本地实际，视情开展送年画春联、走访慰问等活动。《关于加强军人军属、退役军人和其他优抚对象优待工作的意见》提出，在荣誉激励方面，为优抚对象家庭发春节慰问信。退役军人事务部于2020年3月印发了《拥军优属走访慰问工作暂行办法》，对组织走访慰问活动的主体、经费来源和使用等进行了规定，进一步营造了全社会拥军优属、拥政爱民的浓厚社会氛围。

各地应发挥自身的能动性和创造性，尽力而为、量力而行，做好对退役军人的走访慰问工作，以形成多种优待活动与荣誉激励相结合的工作新模式，提高悬挂光荣牌和优待工作的整体效能，推进军人荣誉体系建设。因此，本条除要求地方人民政府应当为退役军人家庭悬挂光荣牌外，还要求地方人民政府应当对退役军人定期开展走访慰问活动。至于走访慰问活动的具体形式，由地方人民政府结合自身实际予以确定。

第六十条　国家、地方和军队举行重大庆典活动时，应当邀请退役军人代表参加。

被邀请的退役军人参加重大庆典活动时，可以穿着退役时的制式服装，佩戴服现役期间和退役后荣获的勋章、奖章、纪念章等徽章。

【条文主旨】

本条是关于参加庆典的规定。

【条文释义】

一、国家、地方和军队应当邀请退役军人代表参加重大庆典活动

习近平总书记强调，要建立和规范一些礼仪制度，组织开展形式多样的纪念庆典活动，传播主流价值，增强人民的认同感和归属感。近年来，党和国家举行了很多以重大事件、重大节日、重要人物为主题的纪念庆典活动，在人民群众中引起强烈反响，极大增强了广大人民群众对中华民族和中华文化的认同感、对党和国家的认同感。在重大庆典活动中，国家会邀请各行各业的代表参加。明确规定国家、地方和军队应当邀请退役军人代表参加重大庆典活动，体现了党和国家对退役军人地位的重视、所做贡献的肯定，也是对退役军人的褒扬和激励。通过邀请退役军人代表参加重大庆典活动，有利于进一步加强退役军人对党和国家的政治认同感，增强民族自豪感和自尊心，弘扬爱国主义精神。因此，本款规定，国家、地方和军队举行重大庆典活动时，应当邀请退役军人代表参加。

国家重大庆典活动包括：党中央、国务院、中央军委组织的建党、建军、国庆和纪念抗日战争胜利等重大纪念、庆典活动；党和国家相关部门开展的面向退役军人的表彰奖励、典型宣传活动等。地方重大庆典活动包括：县级以上党委和政府开展的面向退役军人的表彰奖励、典型宣传活动；县级以上党委和政府为纪念重大历史事件、重要历史人物，国家法定节日、纪念日等举行的庆典、集会活动；县级以上党委和政府组织或批准开展的国防教育、英烈祭扫纪念活动等。军队重大庆典活动包括：军队相关部门以及驻地军事机关开展的面向退役军人的表彰奖励、典型宣传活动；驻地军事机关为纪念重大历史事件、重要历史人物，国家法定节日、纪念日等举行的庆典、集会活动；驻地军事机关组织或批准开展的国防教育、英烈祭扫纪念活动等。

二、退役军人参加重大庆典活动时的着装行为

《中国人民解放军内务条令（试行）》第六十三条第二款规定，军人退出现役后，参加国家和军队组织的重大纪念、庆典活动，通常着便服，也可以按照活动组织单位的要求，着服役期间的军服，佩戴国家和军队统一颁发的徽章。

为了指导退役军人参加大型活动着装行为，展现退役军人退役不褪色的良好形象，激发广大退役军人不忘初心、不负军旅、砥砺前行，在全社会营造尊崇军人的浓厚氛围，2019 年 9 月，退役军人事务部、中央军委政治工作部、中央军委后勤保障部、中央军委训练管理部联合印发《应邀以退役军人身份参加大型活动着装办法（试行）》，对应邀以退役军人身份参加大型活动的着装行为，特别是着服役期间军装的行为进行了统一规范，明确应邀以退役军人身份参加大型活动时，按照活动组织单位要求，可着按军队规定个人留存的服役期间装备的制式服装、现工作岗位制式服装、正装（或少数民族盛装），在胸前适当位置佩戴服役期间和退出现役后荣获的勋章、奖章、纪念章等徽章。因此，本款在此基础上，对退役军人穿着军装的问题作了规定，作为提高军人社会地位和政治待遇的一项重要内容，有利于激发退役军人缅怀传统、珍惜荣誉、增强自尊自信，继续发扬部队的光荣传统。需要强调的是，退役军人穿着军装也应遵循统一的规范和要求，例如，退役军人着服役期间的军装时，应按规定配套穿着，不同制式、不同季节款式不得混穿；2 名以上退役军人同时参加活动时，军装的季节款式要保持一致等。

1. 关于制式服装。根据国务院、中央军委 2009 年联合发布的《军服管理条例》，中国人民解放军现行装备的制式服装及其标志服饰，被统称为军服。制式服装是军服的基础服装。根据该条例规定，能够穿着军服的人员包括现役军人以及依照法律、法规和军队有关规定可以

穿着军服的人员。严禁其他人违法违规穿军服，军队警备执勤人员应当加强检查、纠察，及时纠正违法穿着军服的行为。

2. 关于徽章。根据《应邀以退役军人身份参加大型活动着装办法（试行）》，退役军人着服役期间的军装、现工作岗位制式服装、正装（或少数民族盛装）时，可以佩戴的勋章、奖章、纪念章主要有：共和国勋章、七一勋章和八一勋章，党、国家、军队按规定设立的其他勋章；国家荣誉称号奖章和党中央、国务院、中央军委单独或者联合授予荣誉称号的奖章；党中央、国务院、中央军委单独或者联合颁发的国家级表彰奖励奖章；党中央、国务院、中央军委单独或者联合颁发的纪念章；中央军委授权大单位、中央军委机关部门授予的荣誉称号奖章，各地区各部门颁发的省部级表彰奖励奖章以及纪念章；在军队服役期间获得的一等功、二等功、三等功奖章和其他表彰奖励奖章、纪念章。

第六十一条　国家注重发挥退役军人在爱国主义教育和国防教育活动中的积极作用。机关、群团组织、企业事业单位和社会组织可以邀请退役军人协助开展爱国主义教育和国防教育。县级以上人民政府教育行政部门可以邀请退役军人参加学校国防教育培训，学校可以聘请退役军人参与学生军事训练。

【条文主旨】

本条是关于参与爱国主义教育和国防教育的规定。

【条文释义】

一、发挥退役军人在爱国主义教育、国防教育活动中的积极作用

爱国主义是中华民族的民族心、民族魂，是中华民族重要的精神财富，是中国人民和中华民族维护民族独立和民族尊严的强大精神动力。党的十八大以来，以习近平同志为核心的党中央高度重视爱国主义教育，作出一系列重要部署，推动爱国主义教育取得显著成效。新时代加强爱国主义教育，对于振奋民族精神、凝聚全民族力量，决胜全面建成小康社会，夺取新时代中国特色社会主义伟大胜利，实现中华民族伟大复兴的中国梦，具有重大而深远的意义。

国防教育作为党的宣传思想工作和国民教育的重要组成部分，是建设和巩固国防的基础，是增强民族凝聚力、提高全民素质的重要途径，是凝聚实现中国梦强军梦强大力量的战略之举、长远之策。加强全民国防教育，对于弘扬爱国主义精神、强化忧患危机意识、传承红色基因血脉、涵育崇军尚武文化、增强全民国防观念，意义重大而深远。国家通过开展国防教育，有助于使全民增强国防观念，掌握基本的国防知识，学习必要的军事技能，激发爱国热情，自觉履行国防义务。

我们党和国家历来重视全民爱国主义教育和国防教育，毛泽东同志早在1937年7月23日发表的《反对日本进攻的方针、办法和前途》一文中，就明确提出实行坚决抗战的八个办法之一就是对全民进行“国防教育”。新中国成立初期，他提出要在全国人民中间深入进行爱国主义教育和国防教育，“第一，我们不要战争；第二，如果有人来侵略我们，我们就予以坚决回击。我们对共产党员和全国人民就是这样进行教育的”。改革开放以来，邓小平同志多次强调要加强对公民特别是青少年的国防教育，发扬爱国主义精神和革命英雄主义精神。习近平总书记在党的十九大报告中强调指出：“我们的军队是人民军队，我们的国防是全民国防。我们要加强全民国防教育，巩固军政军民团结，为实现中国梦强军梦凝聚强大力量！”

本条规定，国家注重发挥退役军人在爱国主义教育和国防教育活动中的积极作用，是贯彻落实习近平总书记关于加强全民爱国主义教育和国防教育的重要举措。经过人民军队“大熔炉”淬炼的广大退役军人，政治坚定、意志坚强、吃苦耐劳、作风优良，是加强全民爱国主义教育和国防教育不可或缺的重要力量，充分鼓励、引导广大退役军人参与爱国主义教育和国防教育是全民国防教育的题中应有之义。

退役军人在部队养成的优秀军事素养和“若有战、召必回、战必胜”的战斗精神，特别是退役后继续保持军人作风，为国家经济社会发展贡献自身力量的典型事例，是开展全民爱国主义教育和国防教育的宝贵资源和鲜活教材。

二、退役军人协助开展爱国主义教育和国防教育活动

普及和加强国防教育是全社会的共同责任。一切国家机关和武装力量、各政党和各社会团体、各企业事业组织以及基层群众性自治组织，都应当根据各自的实际情况组织本地区、本部门、本单位开展国防教育。国家机关应当根据各自的工作性质和特点，采取多种形式对工作人员进行国防教育。国家机关工作人员应当具备基本的国防知识。从事国防建设事业的国家机关工作人员，必须学习和掌握履行职责所必需的国防知识。企业事业组织应当将国防教育列入职工教育计划，结合政治教育、业务培训、文化体育等活动，对职工进行国防教育。承担国防科研生产、国防设施建设、国防交通保障等任务的企业事业组织，应当根据所担负的任务，制定相应的国防教育计划，有针对性地对职工进行国防教育。社会团体应当根据各自的活动特点开展国防教育。2019 年，中共中央、国务院印发的《新时代爱国主义教育实施纲要》明确规定，人民团体和群众组织要发挥各自优势，面向所联系的领域和群体广泛开展爱国主义教育。

国家机关、群团组织、企事业单位和社会组织都应当接受爱国主义教育，都有接受国防教育的权利和义务，同时，还承担着向社会开展爱国主义教育和国防教育的职责。国家机关、群团组织、企事业单位和社会组织等工作人员必须学习和掌握一定的国防知识，这是履职尽责的基本要求。邀请退役军人协助开展爱国主义教育和国防教育，充分发挥退役军人在爱国主义教育和社会国防教育中的作用，对于普及和加强爱国主义教育和国防教育，创新爱国主义教育和国防教育方式方法，提高全

民爱国主义教育和国防教育整体水平具有示范引领作用。

三、退役军人参加学校国防教育活动

学校国防教育是指小学、初级中学、高级中学、高等学校以及其他教育机构对学生（学员）所进行的国防教育。青少年是祖国的未来、民族的希望，国防教育需要从娃娃抓起。

1. 县级以上人民政府教育行政主管部门可以邀请退役军人参加学校国防教育培训。学校的国防教育是全民国防教育的基础，是实施素质教育的重要内容。教育行政主管部门应当将国防教育列入工作计划，加强对学校国防教育的组织、指导和监督，并对学校国防教育工作定期进行考核。县级以上人民政府教育行政主管部门组织开展学校国防教育活动时，可以邀请退役军人参加，有利于推动国防教育进学校、进教案、进课堂、进学生头脑，夯实国防教育基础、提升学校国防教育质效。

2. 学校可以聘请退役军人参与学生军事训练。高等学校、高级中学和相当于高级中学的学校应当将课堂教学与军事训练相结合，对学生进行国防教育。军事机关应当协助学校组织学生的军事训练。在立法过程中，有的意见提出，考虑到军队承担的任务较重，选派军事教员帮助学校开展学生军事训练存在一定困难，建议增加退役军人参与学生军事训练的有关规定。经研究，本法采纳了这一建议。

第六十二条　县级以上人民政府退役军人工作主管部门应当加强对退役军人先进事迹的宣传，通过制作公益广告、创作主题文艺作品等方式，弘扬爱国主义精神、革命英雄主义精神和退役军人敬业奉献精神。

【条文主旨】

本条是关于典型宣传的规定。

【条文释义】

广大退役军人经过人民军队“大熔炉”的淬火锤炼，转业不转志、退役不褪色，保持和发扬人民军队光荣传统和优良作风，不忘初心、永葆本色，建功立业，涌现出许多先进典型，例如，有的扎根基层，带领百姓脱贫致富；有的立足本职，勤勤恳恳，敬业奉献；有的勇于与违法犯罪行为作斗争，守护人民财产安全，不惜牺牲自己的生命。这些充分展现出了退役军人爱国主义精神、革命英雄主义精神和敬业奉献精神。通过对他们的优秀事迹的宣传，将会起到示范引领和带动激励作用，吸引更多的优秀青年投身国防和军队建设，激励广大退役军人为实现“两个一百年”奋斗目标、实现中华民族伟大复兴的中国梦做出更大贡献。

选树和宣传典型，是我们党政治工作的优良传统、宣传工作的重要手段，也是新时代思想政治工作的重要抓手。习近平总书记强调，榜样的力量是无穷的，要广泛开展先进模范学习宣传活动，营造崇尚英雄、学习英雄、捍卫英雄、关爱英雄的浓厚氛围。《关于加强军人军属、退役军人和其他优抚对象优待工作的意见》提出，大力宣扬优秀优抚对象先进事迹，引导退役军人保持发扬人民军队的优良传统和作风，积极为改革发展和社会稳定做贡献。县级以上人民政府退役军人工作主管部门应当切实履行宣传退役军人先进事迹的职责，精心组织、深入挖掘退役军人爱国爱党、爱岗敬业、无私奉献等具有先进性、典型性和代表性的事迹。在宣传典型时，要灵活运用多种形式开展立体化宣传，在充分发挥报刊、电视、广播等传统媒体作用的基础上，广泛采用微博、微信、短视频平台等新兴媒体，还可以通过报告会、座谈会、演讲、征文以及文艺创作、文艺汇演等群众喜闻乐见的形式，讲好退役军人先进典型的故事，大力宣传他们的先进事迹，引导广大退役军人更好地继承弘扬人民军队优良传统，激发建功新时代的奋斗精神，强化示范引导、弘扬主旋律、激发团结奋进的强大力量，在全社会营造关心关爱退役军人的浓厚氛围。

第六十三条　县级以上地方人民政府负责地方志工作的机构应当将本行政区域内下列退役军人的名录和事迹，编辑录入地方志：

（一）参战退役军人；

（二）荣获二等功以上奖励的退役军人；

（三）获得省部级或者战区级以上表彰的退役军人；

（四）其他符合条件的退役军人。

【条文主旨】

本条是关于编录地方志的规定。

【条文释义】

一、地方志

地方志是全面系统地记述特定区域自然、政治、经济、文化和社会的历史与现状的大型资料性文献。新中国成立后特别是改革开放以来，地方志编修已发展成为为国存史的一项重要工作，在记录当代、保存历史、传承文明、发展文化、激发民族自豪感和自信心、推动海内外文化交流合作、提供促进经济社会发展的历史借鉴和智力支持等方面发挥了独特作用。一般来说，收入地方志的应该是那些能反映当地真实情况，反映事物发展规律或者发展趋势，有时代特点，有借鉴作用、查考作用、教育作用和存史作用，经得起时间考验的材料，具体选材要观点正确、全面真实、详略得当，要有深度和教育启发意义。

将优秀退役军人的名录和事迹，编辑录入地方志，主要考虑是：一是编纂地方志是我国的优良传统，出版地方志对积累、保存地方文献，全面反映我国地情国情，推进社会主义物质文明和精神文明建设发挥了重要作用。二是将优秀退役军人的名录和事迹，编辑录入地方志，能够充分体现对退役军人的尊重，能够宣传退役军人的先进事迹，从而进一步激发退役军人的荣誉感。三是参战退役军人、荣获二等功以上奖励的退役军人、获得省部级或者战区级以上表彰的退役军人等符合条件的退役军人，是广大退役军人中的优秀代表，通过载入地方志的形式宣传他们的事迹，能够使之成为培育和践行社会主义核心价值观的生动教材，成为弘扬奋力拼搏、开拓进取精神的生动教材，在全社会形成向模范人物看齐的良好风尚。

二、纳入地方志的范围

《关于加强军人军属、退役军人和其他优抚对象优待工作的意见》要求，将服现役期间荣获二等功以上奖励的现役军人、退役军人名录载入地方志。本条在此基础上，进一步将参战退役军人、获得省部级或者战区级以上表彰的退役军人列入地方志的载入范围。同时，考虑到实践发展的需要，赋予地方一定的主动权，增加了“其他符合条件的退役军人”这一兜底条款，地方可根据实际情况确定符合条件的标准和范围，更有利于工作的开展。

第六十四条　国家统筹规划烈士纪念设施建设，通过组织开展英雄烈士祭扫纪念活动等多种形式，弘扬英雄烈士精神。退役军人工作主管部门负责烈士纪念设施的修缮、保护和管理。

国家推进军人公墓建设。符合条件的退役军人去世后，可以安葬在军人公墓。

【条文主旨】

本条是关于烈士纪念设施和军人公墓的规定。

【条文释义】

一、烈士纪念设施

烈士纪念设施，是指在中华人民共和国国内为纪念缅怀英雄烈士专门修建的烈士陵园、烈士墓、烈士骨灰堂、烈士英名墙、纪念堂馆、纪念碑亭、纪念塔祠、纪念塑像、纪念广场等设施。国家对烈士纪念设施实行分级保护，根据其纪念意义、建设规模、保护状况可分别确定为国家级、省级、设区的市级、县级以及其他。《中华人民共和国英雄烈士保护法》《烈士褒扬条例》《烈士纪念设施保护管理办法》《烈士安葬办法》《关于进一步加强烈士纪念工作的意见》等法律法规政策对此都作出了相应规定，为烈士纪念设施建设管理的法制化、规范化、科学化打下了基础。

国务院退役军人工作主管部门负责指导全国烈士纪念设施的保护管理工作，指导各级退役军人工作主管部门加强烈士纪念设施的规划建设、修缮保护、管理利用，组织实施提质改造工程，着力打造主题突出、导向鲜明、内涵丰富的精品陈列。在烈士纪念日、清明节和其他重要节日，各级退役军人工作主管部门和各级烈士纪念设施保护单位协助配合机关、团体、乡村、社区、学校、企事业单位和军队有关单位开展祭扫纪念活动，弘扬英雄烈士精神。县级以上烈士纪念设施由所在地人民政府负责保护管理，纳入当地国民经济和社会发展规划或者有关专项规划，所需经费列入当地财政预算。

二、英雄烈士祭扫纪念活动

英雄烈士祭扫纪念活动，是新时代烈士褒扬工作的重要内容，对大力弘扬烈士精神、关心关爱烈士亲属具有重要意义。据统计，每年前往各级烈士纪念设施祭扫纪念的群众达1.5亿多人次，烈士纪念设施已成为开展爱国主义教育的重要阵地。做好烈士祭扫纪念活动，是传承红色基因、弘扬英烈精神的重要体现。党和国家高度重视祭扫纪念工作，习近平总书记等中央领导同志多次就崇尚英雄、缅怀先烈和祭扫纪念作出重要指示，为做好烈士祭扫纪念活动提供了方向性指引。

近年来，各地各部门不断创新祭扫纪念方式，开展多种形式宣传教育活动大力弘扬英烈精神。一方面隆重举行烈士纪念日公祭烈士活动。国家设立烈士纪念日，公祭烈士上升为国家行为，党和国家领导人与首都各界群众每年 9 月 30 日向人民英雄纪念碑敬献花篮，全国 2200 多个县级以上人民政府在烈士纪念设施场所组织开展烈士公祭仪式，290 多万社会各界代表参加，烈士公祭仪式由解放军或者武警部队官兵担任礼兵仪仗和花篮护送等任务。另一方面结合重大专项活动弘扬英烈精神。国家大力弘扬抗美援朝英雄烈士精神；退役军人事务部会同中央军委政治工作部、广西壮族自治区隆重举办“湘江战役红军烈士遗骸安葬仪式”，弘扬了红军英烈精神，激发了群众爱国热情。

2020 年，退役军人事务部会同公安部、财政部、交通运输部、文化和旅游部出台《关于做好烈士亲属异地祭扫组织服务工作的意见》，就切实做好烈士亲属异地祭扫组织服务工作、保障烈属权益进行了具体规定，对于增强烈士亲属的荣誉感和获得感，在全社会树立缅怀英烈、尊重烈属的良好风尚起到了良好促进作用。

三、弘扬英烈精神

铭记和宣传英雄烈士事迹、传承和弘扬英雄烈士精神，是巩固中国共产党执政地位和中国特色社会主义制度、维护国家意识形态安全的内在要求，是弘扬社会主义核心价值观和爱国主义精神、捍卫英雄烈士、守护中华民族共同记忆的重要手段，也是保护英雄烈士合法权益、维护社会公共利益的有效手段。党和国家一直高度重视英雄烈士褒扬纪念工作，中央领导同志多次就弘扬英雄烈士精神、加强烈士纪念设施规划建设修缮管理维护作出明确要求。《中华人民共和国英雄烈士保护法》规定，国家建立并保护英雄烈士纪念设施，纪念、缅怀英雄烈士，通过鼓励开展对英雄烈士事迹和精神的研究、开展英雄烈士事迹和精神的宣传、鼓励以英雄烈士事迹为题材的作品创作等多种形式弘扬英雄烈士精神。

在全国人大常委会第三次审议过程中，有的常委委员提出，为更好弘扬英雄烈士精神，建议本法关于英雄烈士祭扫纪念活动的规定与英雄烈士保护法做好衔接。因此，本法规定，从国家层面组织开展英雄烈士祭扫纪念等活动，更好地弘扬英雄烈士精神。

四、推进军人公墓建设

军人公墓是指用于安葬符合条件的已故现役军人和退役军人骨灰或者遗体的公共服务设施。推进军人公墓建设，是构建军人荣誉激励机制的重要组成部分，是健全退役军人服务保障体系的重要内容，有利于褒扬彰显军人为党、国家和人民牺牲奉献的精神风范和价值导向，有利于弘扬良好社会风尚、培育和践行社会主义核心价值观，有利于激发实现中华民族伟大复兴中国梦的强大精神力量。

《殡葬管理条例》规定“公墓是指专门用于安葬骨灰或者遗体的设施”。“军人公墓”这一名称简练鲜明，直接反映设施的适用人群为已故现役军人和退役军人，体现“军”字特征，凸显对军人职业的尊崇。军人公墓作为为特定对象服务的公共服务设施，不仅应具备公墓的一般属性，而且应具备一些特殊属性：一是专属属性，军人公墓服务的主体是已故现役军人和退役军人；二是荣誉属性，推进军人公墓建设是构建军人荣誉激励机制的重要组成部分，是国家、社会和人民对军人牺牲奉献精神的褒扬；三是纪念宣教属性，军人公墓是一个向军人致敬和表达尊崇、敬仰和哀思的地方，也是开展爱国主义教育和国防教育的重要阵地，对传承弘扬军人传统和作风、形成全社会尊崇军人风尚具有重要意义。

规划建设军人公墓是一个全新课题，必须按照国家统一规划、属地建设管理原则，稳步推进军人公墓建设。退役军人事务部成立以来，抓紧启动军人公墓规划建设研究论证工作，多次召集军地有关部门座谈，开展多次实地调研，广泛听取军地专家学者和退役军人意见建议，研究国外相关经验做法。目前，正在会同军地相关部门按照国家统一要求，加强顶层设计，研究推进军人公墓规划、建设、管理的相关政策，统筹推进军人公墓项目。本法通过后，军人公墓建设标准、规划方案、入葬条件、管理方式等配套政策法规也会陆续出台。

第八章　服务管理

退役军人合法权益的实现，既要有对退役军人的完善服务，又要有对退役军人和相关单位的管理，完善的监督管理机制是政策法规落地落实的重要保证。本章共10条，主要规范了服务体系、服务机构职责、思想政治工作、保密教育管理、法律政策宣传、权益保障、监督检查、考核制度、社会监督、检举控告等制度。

第六十五条　国家加强退役军人服务机构建设，建立健全退役军人服务体系。县级以上人民政府设立退役军人服务中心，乡镇、街道、农村和城市社区设立退役军人服务站点，提升退役军人服务保障能力。

【条文主旨】

本条是关于服务体系的规定。

【条文释义】

一、建立退役军人服务体系的重要意义

国家建立健全退役军人服务体系，成立从国家到村六级退役军人服务中心（站），是党中央、国务院加强退役军人服务保障工作的重大决策部署，有利于解决退役军人政策落实、服务保障“最后一公里”问题，切实维护退役军人合法权益，让军人成为全社会尊崇的职业，增强广大退役军人的获得感、归属感、幸福感，激励他们投身中国特色社会主义事业；有利于加强与广大退役军人的沟通联系，使他们遇到问题相信组织、出现困难依靠组织，离军不离党、永葆军人本色，成为自觉维护党的领导和社会稳定的坚定力量；有利于完善退役军人事务工作体制机制、夯实基层基础，促进退役军人保障工作实体化、体系化、精准化发展。

二、退役军人服务体系建设

2019年1月1日，习近平总书记就建立健全退役军人服务保障体系建设作出重要批示，强调要努力做到全覆盖，实现有机构、有编制、有人员、有经费、有保障。党中央、国务院专门印发文件全面推进退役军人服务体系建设。此后，退役军人事务部先后印发文件，进一步规范退役军人服务机构政治文化环境建设和基层服务中心（站）服务工作。县级以上人民政府应当切实担负起加快推进建立退役军人服务保障体系的主体责任，协调财政、人社等职能部门，确保在退役军人服务机构设立、编制人员、经费支持、工作保障等方面落实到位。

1. 机构设立。县级以上各级政府建立退役军人服务中心，为公益一类事业单位，由同级退役军人工作主管部门管理，指导下级退役军人服务中心（站）业务。乡镇（街道）、村（社区）建立退役军人服务站，退役军人有30人及以上的单独建立服务站，退役军人少于30人的可不单独建立服务站但应明确专人负责。各级服务机构分层级履行职责，就地解决问题，形成横向到边、纵向到底，覆盖全员、专业规范的服务体系。

2. 工作职责。退役军人服务中心（站）主要承担全面做好就业创业扶持、优抚帮扶帮困、走访慰问、权益维护保障等退役军人事务领域服务性、保障性、事务性、延伸性工作，提供“一站式”“窗口式”，标准化、规范化的综合服务，提供精细化、精准化、个性化服务，建设“退役军人之家”，发挥好凝聚人心、增进认同、化解矛盾、促进和谐作用。

3. 编制人员。人员配备到位是退役军人服务体系建设和作用发挥的一项关键因素。在退役军人服务中心和乡镇（街道）退役军人服务站，应该综合考量服务对象数量、工作特点等因素，核定事业编制人员规模，确保人员力量配备满足服务保障工作需求。在村（社区）退役军人服务站，应指定村（社区）支部委员会或村民自治委员会（支部委员会或社区居民委员会）中专人来负责服务站工作，在此基础上，可通过政府购买服务、志愿服务等方式充实服务力量，提升服务质量。各级退役军人服务中心（站）按照信念过硬、政治过硬、作风过硬，善于做群众工作，对退役军人有责任、有感情的要求，足额选强配齐工作人员。各级要加强工作人员教育培训，尽快履职尽责，确保提供专业化、亲情化服务。

4. 场所和经费。乡镇（街道）级以上退役军人服务中心（站）要有专门的办公场所、专项工作经费、必要的办公设备等。各级退役军人服务中心应设置专门的办公和活动场所，规划建设服务大厅和办公区域，并设信访接待室；乡镇（街道）退役军人服务站应设置专门办公和活动场所，有条件的可设立退役军人信访接待室；村（社区）退役军人服务站可专门设立场所，或与村（社区）综合服务站等合署办公。退役军人服务中心（站）应该在醒目位置悬挂统一规范的牌匾标识，应配备必要的办公设备、办公家具，做到工作职责、工作制度、工作流程图上墙，有宣传资料供取阅。场所环境要体现出党的领导、“军”的特色、家的温暖，增强退役军人荣誉感、归属感、获得感。各级服务中心（站）经费应纳入本级财政预算，做好经费保障，合理满足乡镇（街道）级以上退役军人服务中心（站）正常履职需要。

第六十六条　退役军人服务中心、服务站点等退役军人服务机构应当加强与退役军人联系沟通，做好退役军人就业创业扶持、优抚帮扶、走访慰问、权益维护等服务保障工作。

【条文主旨】

本条是关于服务机构职责的规定。

【条文释义】

本条进一步明确了退役军人服务中心（站）的职责，提出服务保障退役军人的基本要求。服务中心（站）应开展好常态化联系退役军人工作，全面掌握退役军人基本情况及有关需求，重点做好就业创业扶持、优抚帮扶、走访慰问、权益维护等服务保障工作，切实发挥好解决退役军人政策落实、服务保障“最后一公里”的关键作用。

一、退役军人服务中心、服务站点等退役军人服务机构应当加强与退役军人联系沟通

2020 年 1 月，退役军人事务部印发《关于建立常态化联系退役军人制度的通知》，在退役军人事务系统建立工作人员常态化联系退役军人制度，增强与退役军人的深厚感情、畅通退役军人表达意见的渠道、丰富服务退役军人的内容，加强上下贯通的信息反馈、工作指导和问题解决，以务实作风常态化做好沟通联系、感情联络、信息疏导、思想引导、帮扶援助等工作，激发广大退役军人干事创业、安居乐业的积极性、主动性、创造性。

1. 沟通的内容。一是退役军人服务中心、服务站点等退役军人服务机构工作人员，应与一定数量的退役军人建立联系沟通，采取“结对子”等方式定期不定期地开展沟通联络、走访慰问、谈心谈话。二是大力开展政策宣传，及时向退役军人宣传党的路线、方针、政策，中央和地方有关退役军人的政策措施，确保联系对象掌握政策，了解自身合法权益，并自觉按政策规定办事。三是末端推动政策落实，了解退役军人政策在联系对象身上的落实情况，对存在的矛盾问题及时摸清情况、找准症结、拿出对策，依法维护好联系对象的合法权益。四是深入搞好调查研究，围绕中央领导同志高度关切、退役军人广泛关心、工作中遇到的重点难点问题，深入了解实际情况，听取退役军人的意见建议。五是认真做好思想工作，准确掌握退役军人的思想状况，对现实思想问题较多、个人诉求较为强烈的，主动做好教育引导和疏解转化工作，促进思想稳定。六是真心实意帮困解难，关注联系对象家庭、工作、学习、生活等情况，详细掌握家庭和个人遇到的实际困难，尽心尽力排忧解难，不断提升他们的获得感幸福感。

2. 联系沟通机制。一是重点联系与普遍联系相结合，各级退役军人服务中心（站）工作人员，结合业务工作实际，按照全员参与原则，与一定数量的退役军人建立联系沟通。重点联系功臣模范和伤残、参战参试、烈士遗属、特困退役军人以及信访矛盾突出人员。乡镇（街道）和村（社区）退役军人服务站工作人员对辖区内退役军人实行普遍联系，实现联系服务全覆盖。二是平常联系与定期联系相结合，对重点联系对象，至少每季度联系一次、每年走访一次，确保联系的经常性。在联系对象工作生活中遇到困难、发生重点变故，以及“八一”建军节、春节等重点时间节点，应及时进行联系。三是上门联系与网上联系相结合，在做好与退役军人面对面交流沟通的基础上，要注重依托退役军人信息服务平台，通过电话、短信、微信、网络视频等方式，加强与联系对象互动频次，确保联系对象遇事能及时联系、意见能及时反馈。

二、做好退役军人就业创业扶持、优抚帮扶、走访慰问、权益维护等服务保障工作

党中央、国务院专门印发文件对各级服务中心（站）的职责任务提出明确要求，有关部门也具体规定了各级服务中心（站）职能职责。退役军人服务中心（站）主要承担全面做好就业创业扶持、优抚帮扶、走访慰问、权益维护等服务保障工作，做好退役军人事务领域服务性、保障性、事务性、延伸性工作，切实发挥好解决退役军人政策落实、

服务保障“最后一公里”的关键作用。

1. 就业创业扶持。主要包括：围绕退役军人就业创业需求，提供就业创业服务和政策咨询；协调落实就业创业优惠政策；加强与相关机构合作交流，提供就业创业指导和帮扶、项目推荐，承办退役军人和随军家属招聘会、推介会、就业创业论坛；协助开展职业教育和技能培训；利用就业创业信息化平台，搜集和发布用工需求，分析就业创业形势，为退役军人提供精准帮扶等。县级以下退役军人服务中心（站）重点摸清退役军人就业创业需求和个人专长等情况信息，做好供需匹配对接，组织实施退役军人适应性培训和职业教育、技能培训等。

2. 优抚帮扶。主要包括：配合搭建困难退役军人军属帮扶援助平台，掌握生活存在特殊困难的退役军人基本情况，多渠道筹措资金，针对性做好帮扶援助工作。县级以下退役军人服务中心（站）重点要全面摸清、动态掌握生活存在特殊困难的退役军人基本情况，针对性、常态化开展精准帮扶援助工作。

3. 走访慰问。走访慰问是各级退役军人服务中心（站）常态化开展的工作，重点在县级以下服务中心（站），主要是做好送立功喜报、悬挂光荣牌，以及退役军人出现重大变故等情况时，开展走访慰问等具体事务性工作。走访慰问对象主要包括：烈士遗属等“三属”，做出突出贡献的现役军人的家属或因公负伤、遭遇突发意外（灾害）、工作生活出现重大困难的退役军人及其家庭，重大典型，其他需要走访慰问的对象。走访时间一般包括：“八一”建军节、元旦、春节、烈士纪念日等重要节日和纪念日，宣传、挖掘重大先进典型事迹的适当时机，其他需要走访慰问的时机。走访慰问可采取召开慰问大会、座谈会、茶话会、登门看望、发放慰问金（品）等多种形式进行，以精神抚慰为主，物质慰问为辅。

4. 权益维护。主要包括：协助做好退役军人来访接待、来信办理、网上信访和电话信访，相关部门交办的信访事项；协助做好政策解答、困难帮扶、权益咨询、心理疏导、法律服务等工作。县级以下退役军人服务中心（站）重点协助做好退役军人来访接待、来信办理、网上信访和电话信访，相关部门交办信访事项，落实信访事项首办责任，依法及时就地化解矛盾问题，有条件的地区可开展心理疏导、法律服务等工作。

5. 其他服务工作。协助做好退役军人行政关系、组织关系、供给关系转接和档案移交，推动将退役军人流动党员纳入党的基层组织，开展退役军人党员摸排登记等工作，配合做好教育管理服务。县级以下退役军人服务中心（站），更加突出面对面、个性化、一对一服务，搭建政策咨询、帮扶援助、沟通联系、学习交流等活动场所，主动登门入户宣讲政策、解决问题，把党和政府的关怀温暖送到每一个退役军人身边。

第六十七条　县级以上人民政府退役军人工作主管部门应当加强退役军人思想政治教育工作，及时掌握退役军人的思想情况和工作生活状况，指导接收安置单位和其他组织做好退役军人的思想政治工作和有关保障工作。

接收安置单位和其他组织应当结合退役军人工作和生活状况，做好退役军人思想政治工作和有关保障工作。

【条文主旨】

本条是关于思想政治工作的规定。

【条文释义】

一、工作主管部门加强退役军人思想政治教育工作

加强退役军人思想政治工作，要坚持党的领导、把解决思想问题与解决实际问题结合起来，教育引导广大退役军人珍惜荣誉、永葆本色，在推进新时代中国特色社会主义伟大事业中勇于担当、贡献力量。

退役军人工作机构组建以来，牢固树立政治意识，加强退役军人思想政治教育，大力宣传以习近平同志为核心的党中央对退役军人工作的高度重视，对广大退役军人的关心关爱。围绕新出台政策、重要工作进展、热点敏感问题加强舆论引导，及时回应社会关切。大力开展“八一”系列宣传活动，召开新闻发布会、宣传工作会，推进宣传平台建设、开通部官网官微，加强与媒体沟通合作，提高退役军人工作影响力传播力。总结地方经验做法，探索退役军人党员教育管理方法。扎实开展关心关爱，组织走访慰问，深入一线做思想工作，对生活困难退役军人给予帮扶，解决他们的实际困难。

退役军人工作主管部门应当在思想政治教育工作中发挥综合协调作用，建立健全党委统一领导、军地相关部门密切配合的工作机制，协同推进退役军人思想政治工作。一方面，退役军人工作主管部门要通过定期走访慰问、主动联络沟通、组织座谈交流等方式，组织开展党的基本理论和路线、方针、政策，人民军队性质宗旨和优良传统，法制纪律和道德规范等方面的教育宣传，保持退役军人在思想上政治上的革命军人本色，模范遵守宪法和法律法规，践行社会主义核心价值观，积极参加社会主义现代化建设。另一方面，退役军人工作主管部门应当定期了解本区域内退役军人的思想动态和工作生活状况，及时向接收安置单位和其他组织转达退役军人的相关意见建议，并从思想政治工作的宗旨目的、基本内容、形式方法等方面给予必要的指导。

二、接收安置单位和其他组织做好思想政治工作

退役军人所在单位党组织、居住地村（社区）基层党组织和各级退役军人服务机构，严格按照“属地管理、分级负责”和“谁主管、谁负责”原则，落实属地责任、部门责任、单位责任和领导责任，做好深入细致的思想政治工作。

其中，接收安置单位作为退役军人的工作单位，应当在日常工作中，注重尊重和关爱退役军人，主动开展形式多样的思想政治教育活动。值得注意的是，做好思想政治工作，要与退役军人的工作和生活状况紧密结合起来，要在开展思想政治教育的同时，为退役军人及其家属排忧解难，解决工作、生活中的实际困难。比如接收安置单位可以与当地的退役军人工作主管部门协调配合，定期邀请有关工作人员来单位进行相关法律政策的集中宣讲，重点解读教育、医疗、住房等退役军人关心的政策措施，从而同时起到宣传法律政策与解决实际困难的良好效果。

此外，应当充分调动其他组织和社会力量的积极性、主动性，共同参与到退役军人思想政治工作中来。比如，鼓励行业协会商会、慈善组织、社会工作服务机构等社会组织通过帮助退役军人就业创业等方式关心关爱退役军人；组织各类新闻媒体，加大对优秀退役军人典型事迹的宣传力度；邀请优秀退役军人到学校、社区作专题报告等，进一步增强退役军人的荣誉感、使命感，牢记革命军人的本色和初心，同时在全社会营造拥军爱军、尊重退役军人的浓厚氛围。

第六十八条　县级以上人民政府退役军人工作主管部门、接收安置单位和其他组织应当加强对退役军人的保密教育和管理。

【条文主旨】

本条是关于保密教育管理的规定。

【条文释义】

为筑牢退役军人的保密防线，本条明确规定了对退役军人应当加强保密教育和管理，并明确了主体责任，即县级以上人民政府退役军人工作主管部门、接收安置单位和其他组织。

一、退役军人保密教育和管理的主体

军人作为特殊的武装集体，工作岗位特殊，经常接触军事秘密，事事产密，处处涉密，人人知密，即使退出现役，也必须严格遵守国家安全保密法律规定，确保军事秘密的绝对安全，这是维护军事秘密安全和国家安全的应有之意，也是保密义务从现役到退役的延伸。

现役军人的保密教育和管理职责任务在部队，而退出现役后，保密教育和管理的主体将随人事管理关系而转移。根据本法有关退役安置的规定，以转业方式安置的军官和以安排工作方式安置的军士，接收安置的单位一般由所在单位的办公室或者专职的保密部门，负责退役军人的保密教育和管理；以退休方式移交安置的军官，一般由军休所的专门机构负责退役军人的保密教育和管理；而以其他方式安置的退役军人，尤其是自主就业、自主择业方式安置的退役军人，在找工作、投简历时，相关简历信息可能涉及军事秘密，这就要求各级退役军人工作主管部门要与退役军人原所在部队紧密配合，履行好保密教育责任，主要是利用开展职业教育和技能培训的机会进行保密教育，在其进入社会前加强其安全保密意识和安全保密技能。同时，在退役军人就业后，其党组织关系所在单位要继续履行好保密教育和管理的职责。

二、关于加强退役军人的保密教育和管理

近年来，随着中国特色社会主义进入新时代，我国前所未有地靠近世界舞台中心，国家安全面临的风险也随之增多。退役军人群体涉密范围广，涉密程度深，是境外敌对势力试图获取国家军事机密的重点关注对象。个别退役军人保密意识淡漠，敌情观念淡化，侥幸思想严重；个别退役军人对保密规定掌握不透，落实不细，无意当中泄露国家秘密；更有极个别退役军人理想信念丧失，资敌卖密，给党和国家造成了重大损失。因此高度重视退役军人保密问题，扎实开展保密意识和保密常识教育，增强对退役军人日常保密管理，对于遏制窃密泄密案件的高发多发趋势，保护军事秘密安全，保护党和国家事业不

受损失，具有十分重要的现实性和紧迫性。

根据退役军人的特点，对退役军人的保密教育和管理，主要应当做到以下三个方面：

一是紧抓保密意识教育。保密意识重于天，一个个真实发生的案例，一再告诉我们，在信息化高度发达的今天，真正做好安全保密工作的关键是每个人心中要有保密意识。要教育和引导广大退役军人把思想统一到安全保密工作的极端重要性和现阶段面临严峻复杂形势的分析判断上来，统一到党和国家关于做好新时期保密工作的新理念新举措上来。要正视退役军人群体的特殊性，明确安全保密责任，不在遵守保密相关规定方面打折扣。要教育引导广大退役军人从保密工作的历史和优良传统中提升党性修养，强化保密法律法规教育培训，让退役军人知晓保密的具体要求和违反有关规定可能造成的严重后果，绷紧保密“弦”，筑牢保密“墙”。

二是紧抓脱密期管理。军人退出现役是军队涉密人员管理的最后环节，也是最重要的环节。脱密期管理不到位，就有可能“前功尽弃”，对军事秘密安全造成严重影响，因此必须坚决落实脱密期管理的有关规定。比如：（1）择业从业管理。脱密期内的退役军人，不得到境外（驻华）机构、组织及外商独资企业工作，不得为境外（驻华）机构、组织及外商独资企业提供劳务、咨询或者其他服务。（2）出国（境）管理。脱密期内的退役军人，未经批准不得出国（境）。（3）重大事项报告。退役军人在脱密期内，本人情况发生重大变化的，或者遭遇利诱、胁迫、渗透和策反的，按照要求，要向负责脱密期管理的单位及时报告。

三是紧抓保密常识教育。军人退役前，要按规定清退所有涉密载体和全部涉密信息设备，收回涉密系统访问权限和涉密场所出入权限，并将载体清退情况登记造册。参加工作后，仍须紧绷安全保密这根弦，模范遵守安全保密各项规定，切实做到“涉密不上网，上网不涉密”。

要养成保守秘密的良好习惯，在任何场合都避免与他人谈论涉及国家和军事秘密的相关话题。

第六十九条　县级以上人民政府退役军人工作主管部门应当通过广播、电视、报刊、网络等多种渠道宣传与退役军人相关的法律法规和政策制度。

【条文主旨】

本条是关于法律政策宣传的规定。

【条文释义】

一、宣传与退役军人相关的法律法规和政策制度

为了更好维护广大退役军人的合法权益，进入21世纪以来特别是党的十八大以来，中央出台了一系列法律法规和政策制度，形成了一系列措施办法，涵盖移交接收、退役安置、教育培训、就业创业、抚恤优待、褒扬激励等各个方面。同时，各地有关部门也根据相应的法律法规和政策制度，制定出台了具体的实施办法或保障标准。宣传解读好与退役军人息息相关的法律法规和政策制度，让广大退役军人吃透弄懂相关文件的精神，关乎广大退役军人的切身利益，也是开展退役军人保障工作的重要环节和关键要素。

一直以来，对军官和士兵的安置、就业、优待等工作分散在相关部门，有关规定比较分散，而各地出台的具体实施办法和优待抚恤标准也不尽相同。在本法草案审议过程中，部分常委委员指出，要做好本法及现有配套政策法规的宣传解读工作。因此，各级退役军人工作主管部门有必要以退役军人保障法的出台为契机，对照本法对现行有效的配套法规和政策文件按照适用对象、适用领域进行分类、梳理，并就广大退役军人普遍关心关注的问题，结合梳理后的有关条款规定，主动开展宣传工作，帮助他们全面、准确地理解相应的适用范围和适用标准。同时，对于后续出台的相关配套法规和政策制度，各级退役军人工作主管部门也应当高度重视宣传工作，与退役军人业务工作同部署、同谋划、同开展、同实施，努力把党和政府的关怀温暖传递到广大退役军人当中，提升广大退役军人的获得感、幸福感、安全感，推进退役军人保障政策制度的落地实施。

二、工作主管部门应当通过多种渠道开展宣传

习近平总书记在全国宣传思想工作会议上强调，宣传思想战线进入了守正创新的重要阶段。退役军人事务系统宣传思想工作，要根据形势发展变化，始终围绕退役军人中心工作，服务退役军人工作大局，以“守正”为基础，以“创新”为关键，坚持本源、勇闯新路，不断增强宣传思想工作传播力、引导力、影响力、公信力。

因此，对退役军人相关法律法规、政策制度的宣传，有关工作主管部门应当调动主观能动性，充分考虑退役军人群体年龄跨度大、信息获取方式多样等特点，在坚守广播、电视、报刊等传统宣传阵地的同时，积极开拓自媒体、短视频等网络宣传渠道，开展形式多样各有侧重的系统性宣传。

具体而言，全国性的法律法规、政策制度出台后，各级退役军人工作主管部门应当积极联系当地的广播电视、报刊媒体，对有关政策文件的出台背景和条文内容进行报道，召开座谈会集中解读宣传。各地配套出台的实施办法和细则，则可以通过印发宣传册、业务流程图等方式，下发到基层退役军人服务中心和服务站点，方便前来办理业务的退役军人取用、阅读，提高相关业务办理的效率和便捷性。同时，各级退役军人工作主管部门应当通过开设公众号、微博等方式，抢占网络宣传阵地，通过漫画、短视频等形式，将相关条款规定以浅显易懂的形式表现，方便广大退役军人理解、掌握。

此外，由于部分政策文件涉及国家和军队秘密，在开展宣传工作

时，要注意遵守保密纪律，控制知晓的人员范围。如果因涉密或其他原因依法不宜公开的，各级退役军人工作主管部门要积极做好解释工作，同时采用符合规定的方式落实执行好有关的政策制度。

第七十条　县级以上人民政府退役军人工作主管部门应当建立健全退役军人权益保障机制，畅通诉求表达渠道，为退役军人维护其合法权益提供支持和帮助。退役军人的合法权益受到侵害，应当依法解决。公共法律服务有关机构应当依法为退役军人提供法律援助等必要的帮助。

【条文主旨】

本条是关于权益保障的规定。

【条文释义】

一、建立健全退役军人权益保障机制

退役军人是党和国家的宝贵财富，是中国特色社会主义建设的重要力量，维护退役军人合法权益关系到国防军队建设和社会和谐稳定。党的十九大报告中提出，组建退役军人管理保障机构，维护军人军属合法权益，让军人成为全社会尊崇的职业。

建立健全退役军人权益保障机制，既是党中央的重大决策部署，也是维护退役军人的合法权益的重要支撑。《深化党和国家机构改革方案》中明确提到，为维护军人军属合法权益，加强退役军人服务保障体系建设，建立健全集中统一、职责清晰的退役军人管理保障体制。作为广大退役军人服务管理、待遇保障的主管单位，县级以上退役军人工作主管部门，除做好职责范围内的保障工作外，应当加强与同级财政、教育、卫生、民政等部门的沟通协调，将本法规定的有关教育培训、就业创业、抚恤优待等方面的优惠政策落实到位，加快构建退役军人权益维护的保障线、尊重线、激励线、兜底线、法治线。

在征求社会公众意见时，部分退役军人来信反映诉求渠道不通畅，意见反馈不及时等问题。为此，各级退役军人工作主管部门要紧密围绕新时代“枫桥经验”推广应用，发挥政治和制度优势，强化部门联动、军地协同，通过开设投诉热线、投诉窗口等方式，确保退役军人的诉求表达渠道通畅，确保相关诉求及时受理和反馈。同时，积极代表退役军人与其他部门沟通诉求事项，促进矛盾就地化解、服务精准规范，构建退役军人事务领域基层权益保障的新格局。

二、合法权益受到侵害应当依法解决

本法第六条中规定，退役军人应当继续发扬人民军队优良传统，模范遵守宪法和法律法规。因此，退役军人的合法权益受法律的保护，当合法权益受到侵害，应当遵守法律法规的有关规定，通过合法的渠道依法解决。

对于本条的这一规定，应当从内容和渠道两方面来理解。一方面，退役军人维护的，应当是合法权益。退役军人表达的诉求，应当是符合法律法规或者政策制度明确规定的。没有规范依据或者超出规定的不合理诉求，不属于本法所指的合法权益。同时，表达的有关诉求是否能够得到满足，有关部门也应当严格按照相关法律法规或者政策制度作出处理，不得损害退役军人依法应当享有的权益。另一方面，退役军人维权应当选择合法的渠道，遵守相关的程序性规定。如果退役军人选择信访方式反映诉求的，也应当遵守《信访条例》及有关规定的要求，依法理性进行信访，严守国家法律政策底线，切不可存在以闹获利的心态，打着退役军人维权旗号参与非法集访、散布反动言论或者错误虚假消息，甚至与境外势力勾连，肆意践踏党纪国法、破坏社会稳定，使有理变无理、合法变违法。

三、有关机构依法提供法律援助等必要的帮助

公共法律服务是政府公共职能的重要组成部分，是全面依法治国的基础性、服务性和保障性工作。《关于加快推进公共法律服务体系建设的意见》中明确指出，要保障特殊群体的基本公共法律服务权益。其中，军人军属、退役军人及其他优抚对象应当作为公共法律服务的重点对象。

根据《司法部关于推进公共法律服务平台建设的意见》的有关规定，公共法律服务平台是以县（市、区）、乡镇（街道）为重点，通过整合资源，实现将各类别公共法律服务集中进驻，打造的综合性、一站式的服务型窗口，包括公共法律服务中心、公共法律服务中心工作站和公共法律服务中心工作室。作为公共法律服务的重点对象，公共法律服务平台除受理和审批退役军人的法律援助申请，指派法律援助人员承办法律援助案件外，还可以向退役军人提供法律咨询、专业调解，公证、司法鉴定等法律服务。

第七十一条　县级以上人民政府退役军人工作主管部门应当依法指导、督促有关部门和单位做好退役安置、教育培训、就业创业、抚恤优待、褒扬激励、拥军优属等工作，监督检查退役军人保障相关法律法规和政策措施落实情况，推进解决退役军人保障工作中存在的问题。

【条文主旨】

本条是关于监督检查的规定。

【条文释义】

天下之事，不难于立法，而难于法之必行。习近平总书记强调指出，如果有了法律而不实施，束之高阁，或者实施不力、做表面文章，

那制定再多法律也无济于事。法律只有通过相关机关的实施，才能将其所包含的价值予以体现，才能实现法律所希望达到的目标。

一、指导、督促有关部门和单位做好退役军人保障工作

退役军人工作主管部门依法对下级部门进行指导督促，对与退役军人工作相关的其他部门进行督促推动，是退役军人工作主管部门责无旁贷的事情。

在我国的行政管理体制当中，上级主管部门对下级部门的指导督促便于实行，由于实践中上级主管部门成立之初就已经被赋予了这项职能，依照法律要求对下进行指导督促是水到渠成的事情。相对来说难一些的是对其他部门和单位的推动，他们与退役军人工作主管部门之间不存在领导或者指导关系，互相平行或者互不隶属。但是，要做好退役军人工作，仅靠退役军人事务系统是不够的，因为很多事项与别的部门职责有关。为了有效推动退役军人工作，本条赋予了退役军人工作主管部门督促推动的法律职权，给予退役军人工作主管部门一个全方位推动退役军人工作的有力抓手。

具体来说，本法第三章到第七章分别规定了退役安置、教育培训、就业创业、抚恤优待、褒扬激励等方面的保障措施和优惠政策，涉及多个部门。退役军人工作主管部门应当发挥牵头作用，指导、督促有关部门准确把握法律法规、政策制度的要求，在各自职责范围内推进涉及退役军人的有关工作。同时，对于接收安置退役军人的单位，退役军人工作主管部门要加强沟通联系，及时向其宣传最新的安置政策，协助提高安置的效率和质量，定期了解退役军人的工作情况，督促接收安置单位持续地重视和完善退役军人安置工作。

二、监督检查相关法律法规和政策措施落实情况

根据《深化党和国家机构改革方案》，退役军人事务部的职责，包

括拟订退役军人思想政治、管理保障等工作政策法规并组织实施。在本法审议过程中，有的常委委员提出，要增加有关监督检查政策措施落实情况的规定。因此在草案基础上，本条增加了相关内容，明确各级退役军人工作主管部门，除制定相关政策性文件外，还应加强对法律法规和政策措施落实情况的监督检查，确保相关政策措施真正惠及广大退役军人。

具体来说，监督检查的范围，应当是指与退役军人保障工作相关的法律法规和政策措施。其中，既包括了本法在内的专门性的法律法规、部门规章，以及各地出台的退役军人保障工作领域专门性的地方性法规和地方政府规章，也应当包括其他法律法规、部门规章和规范性文件中涉及退役军人保障的有关条款。监督检查落实情况的具体内容，则应包括相关部门是否切实履行了有关条款规定的工作职责，是否制定或出台了配套的实施办法或保障标准等。对于发现的问题和情况，应当及时向有关部门或上级退役军人工作主管部门反映。必要时，可以向社会公开监督检查的有关情况。至于监督检查的方式方法，各级退役军人工作主管部门可以通过走访调研、实地抽检、接受举报等方式获取线索，采用“四不两直”等方式监督检查，真正地将监督检查的有关职责落到实处。

三、推进解决退役军人保障工作中存在的问题

在公开征求意见时，不少群众来信提出，希望对历史上遗留的问题作出规定。考虑到不溯及既往是法律的一项基本原则，本法作为退役军人工作领域基础性、综合性的法律，不可能对退役军人保障工作的方方面面都作出具体的规定，同时考虑到历史上退役军人的身份类别、安置政策各不相同，在实际解决问题时需要按照当时的政策制度具体问题具体分析，因此本条增加的这一内容，既是对社会公众的意见建议的积极回应，同时也为退役军人工作主管部门积极稳妥推动解

决有关问题提供了法律依据。

各级退役军人工作主管部门要认真研究退役军人保障工作中出现的问题，尽可能地维护广大退役军人的合法利益。属于本部门职责范围内的，要依法妥善解决。超出本部门职责的，要积极与相关部门沟通协调，研究提出解决方案，推动问题尽快解决，同时向相关人员做好解释工作。

第七十二条　国家实行退役军人保障工作责任制和考核评价制度。县级以上人民政府应当将退役军人保障工作完成情况，纳入对本级人民政府负责退役军人有关工作的部门及其负责人、下级人民政府及其负责人的考核评价内容。

对退役军人保障政策落实不到位、工作推进不力的地区和单位，由省级以上人民政府退役军人工作主管部门会同有关部门约谈该地区人民政府主要负责人或者该单位主要负责人。

【条文主旨】

本条是关于考核制度的规定。

【条文释义】

一、关于退役军人保障工作责任制

退役军人保障工作责任制，就是明确各级政府及其部门和工作人员的任务和要求，按照职能任务和岗位职责，分门别类地将退役军人保障工作落实到岗，落实到人，确保事事有人管、出现问题能追责。涉及退役军人保障工作的多个文件中，也都专门强调了要实行工作责任制。例如，《军队转业干部安置暂行办法》第六十一条规定，各级党委、政府应当把军队转业干部安置工作纳入目标管理，建立健全领导责任制，作为考核领导班子、领导干部政绩的重要内容和评选双拥模范城（县）的重要条件。《国务院关于进一步做好城镇退役士兵安置工作的通知》中规定，要把妥善处理城镇退役士兵安置问题作为一项重要政治任务，摆上地方各级人民政府的重要议事日程，专题研究部署，主要负责同志亲自抓、负总责，建立健全领导责任制度和责任追究制度。

首先是政府的责任，各级政府对本地区退役军人工作承担全面的领导责任。政府主要领导是第一责任人，应当带头抓退役军人工作，重要工作亲自部署、重要问题亲自过问、重大事件亲自处置。政府分管领导是直接责任人，协助主要领导抓好统筹协调指导工作。政府领导班子其他成员根据工作分工，抓好分管部门退役军人工作，对职责范围内的退役军人工作负领导责任。各级政府应当把退役军人工作作为政权建设的重要内容，纳入重要议事日程，与经济建设、政治建设、文化建设、社会建设、生态文明建设紧密结合，推动退役军人工作健康发展。

其次是部门的责任，各级退役军人工作主管部门以及退役军人工作相关部门，应当在职能范围内充分发挥职能作用，推动党中央关于退役军人工作的决策部署落地落实，协调解决退役军人工作中存在的问题，指导下级部门做好退役军人工作。

最后是工作人员的责任，工作人员要认真履职尽责，认真学习习近平总书记关于退役军人工作的重要论述，认真贯彻执行党中央关于退役军人工作的决策部署，准确理解并严格执行退役军人工作相关法律政策，建立健全相关工作台账，及时请示报告工作中遇到的问题。

二、关于退役军人保障工作考核评价制度

退役军人保障工作考核评价制度，是指上级政府对下级政府及其负责人，本级政府对有关部门及其负责人，通过评议、考核等方式，监督其落实所承担的退役军人保障工作职责的制度。建立科学的考核评价制度，有利于充分调动各地各部门和工作人员的积极性、主动性、

创造性，推动党中央关于退役军人工作决策部署和国家法律法规的有效落实。考核评价分为上级对下级和本级内部两种情况，本条第一款明确规定把退役军人保障工作完成情况纳入县级以上人民政府对本级政府的相关部门和负责人、对下级政府和负责人的考核评价内容。这种考核评价制度，实现了横向到边、纵向到底，包括各级政府和不同部门的考核评价，充分体现了党和国家对退役军人工作的高度重视和推动退役军人工作科学发展的极大决心。

根据本条规定，实施考核评价的主体包括：一是上级人民政府，考核评价的对象是下一级人民政府；二是本级人民政府，考核评价的对象则是承担退役军人保障工作的各个部门，包括但不限于退役军人工作主管部门，还包括相关部门。考核评价的内容，则是各级政府和有关部门履行退役军人保障责任，维护退役军人合法权益的落实情况等。考核评价的方式，可以采取现场考核、外部评议、问卷调查等多种形式，并将考核结果分为优秀、良好、合格、不合格等多个等次，作为各级政府和有关部门及其负责人综合考核评价的重要内容。

当前，各级政府建立了包括党建、意识形态、生态环保、平安建设等多种项目的综合考核评价体系，退役军人工作是一项政治性、政策性极高的工作，关系到社会经济建设和改革发展稳定大局，关系到深化国防和军队改革成效，必须把退役军人工作作为政府综合考核评价体系的重要项目突出出来，赋予适当权重、分值，不能把退役军人工作降格为其他项目的考评指标。

三、约谈落实不到位、工作推进不力的地区和单位主要负责人

约谈，是指上级行政机关监督下级行政机关是否依法行使职权的一项监督制度，既是行政层级监督的重要表现形式，也是落实工作责任制的重要保障措施。约谈，是具有法律效力的行政层级监督行为，相当于上级对下级提出的警示或者告诫，甚至是直接提出要求。被约

谈的人民政府和有关部门应当立即采取措施，纠正错误做法，对退役军人保障工作作出整改，必要时还应将整改工作情况书面汇报上级退役军人工作主管部门及有关部门。值得注意的是，如果约谈后，被约谈的政府和有关部门仍未作出整改，或者整改不到位的，上级退役军人工作主管部门可以按照考核评价制度的有关规定，对相关单位及其主要负责人给出负面评价，直接影响相关单位和个人的综合考核评价成绩。

1. 约谈情形是政策落实不到位、工作推进不力。各地区、各部门和有关单位，在退役军人工作中应当不折不扣地严格执行国家法律法规和政策措施，不能擅自搞变通甚至与法律规定背道而驰，使国家法律权威和政府公信力受损。对于有令不行、有禁不止，敷衍塞责、官僚主义形式主义严重的地区和单位，上级政府和主管部门应当及时指出并督促限时整改，整改不力的有权部门应当及时进行约谈问责。

2. 约谈权限在省级以上政府部门。出现政策落实不到位、工作推进不力情形时，只能由中央和省级政府的退役军人工作主管部门发起约谈，必要时可以会同同级的其他业务部门，也可以包括纪检、监察部门。这里的其他部门，主要根据发生问题的部门和单位涉及的系统而定。

3. 约谈对象是相关地区和单位的主要负责人。对退役军人保障政策落实不到位、工作推进不力的地区和单位，其主要负责人是第一责任人。对主要负责人进行约谈，有利于将压力迅速向下传导，推动及时有效解决问题，做好整改。

第七十三条　退役军人工作主管部门及其工作人员履行职责，应当自觉接受社会监督。

【条文主旨】

本条是关于社会监督的规定。

【条文释义】

社会监督区别于行政监督，一般是指公民、法人或其他社会组织对行政体制内的单位部门及其工作人员的监督。党的十九大报告指出，要加强对权力运行的制约和监督，让人民监督权力，让权力在阳光下运行，把权力关进制度的笼子。退役军人工作主管部门作为国家机关组成部门，退役军人工作主管部门工作人员作为国家公职人员，其履行职责，依赖于社会公众尤其是广大退役军人的支持、配合，也致力于维护广大退役军人的合法权益，因此除了必须接受党的机关、权力机关、司法机关等监督外，还必须自觉接受包括退役军人在内的社会各界的监督。

接受社会监督的行为，应当是退役军人工作主管部门及其工作人员履行职责时的行为。具体来说，主要包括以下方面：一是在制定相关制度措施时，要自觉接受社会监督。起草过程中，要遵守法定程序和要求；出台后，要及时做好宣传。二是在开展服务管理等工作时，要自觉接受社会监督。在办理档案接收、数据采集、信访接待、退役金核定发放等业务时，要严格遵守相应的法律法规和工作流程。三是服务管理工作的处理结果，要自觉接受社会监督。如退役军人对优抚待遇的发放标准等有质疑的，相关单位部门及其工作人员要依法开展复核复查。此外，本条规定接受社会监督时，要做到主观自觉。这就要求退役军人工作主管部门及其工作人员履行职责时，要端正工作态度，自觉接受监督。

值得注意的是，开展社会监督的方式，必须是合法合规的。广大退役军人及其家属作为公民，依法享有宪法赋予的监督权利。具体来说，就是对于任何国家机关和国家工作人员，有提出批评和建议的权利；对于任何国家机关和国家工作人员的违法失职行为，有向有关国家机关提出申诉、控告或者检举的权利。但是监督权的行使，必须是依法合规的，必须通过法定的渠道，比如拨打举报热线、申请行政复议、提起行政诉讼等。如果采用不合法方式，比如非法集会、越级上访、围堵政府机关等，妨碍正常的行政管理秩序，不仅不会受到法律的保护，严重的还会构成违法犯罪，同时也将给退役军人这一群体的荣誉和形象带来负面影响。此外，社会监督不是无中生有，搬弄是非，主张必须合法合理，有真凭实据，不得捏造或者歪曲事实进行诬告陷害，如果存在污蔑伪造等违法行为的，也要依法承担法律责任。

第七十四条　对退役军人保障工作中违反本法行为的检举、控告，有关机关和部门应当依法及时处理，并将处理结果告知检举人、控告人。

【条文主旨】

本条是关于检举控告的规定。

【条文释义】

一、检举控告是宪法和法律赋予公民的一项基本权利

检举，是公民向有关国家机关和部门反映、揭露违法活动情况，提供有关违法事实证据的行为。控告，是合法权益受到不法侵害的公民或组织，向有关机关和部门指控、告发、请求保护、要求惩处违法者的行为。宪法第四十一条规定，中华人民共和国公民对于任何国家机关和国家工作人员的违法失职行为，有向有关国家机关提出控告或者检举的权利。检举控告权是宪法和法律赋予公民和组织的一项基本权利，任何单位和个人都有权对退役军人保障工作中的违法行为依法进行检举、控告。

二、负责接收、处理检举控告的机关和部门

根据宪法、刑事诉讼法、监察法、《纪检监察机关处理检举控告工作规则》《人民检察院控告申诉检察工作细则（试行）》等有关规定，我国依法负责接收、处理公民检举控告的机关和部门主要包括纪检监察机关、检察机关、公安机关、政府信访部门等。负责接收、处理检举控告的机关和部门，在收到检举、控告后，应当及时处理，并将处理结果告知检举人、控告人，不得敷衍塞责，不得将检举、控告材料转给被检举人或被控告人。对于不属于本机关或部门职责的检举控告，应该及时将材料移交有权查处的机关或部门处理，并将移交情况告知检举人和控告人。

三、检举控告的基本原则

检举控告既发挥了群众的作用，又发挥了专门机关的作用，既可以反映民情，又可以形成制约，是社会监督的一种重要手段和有效方式，对改进退役军人保障工作，维护退役军人合法权益具有重要作用。为了保证检举控告制度科学有效运行，应遵循以下基本原则：

一是实事求是原则。任何人不得捏造或者歪曲事实进行诬告陷害。宪法第四十一条规定，公民不得捏造或者歪曲事实进行诬告陷害；监察法第六十四条规定，控告人、检举人、证人捏造事实诬告陷害监察对象的，依法给予处理；《纪检监察机关处理检举控告工作规则》第三十六条规定，检举控告人应当如实提供所掌握的全部情况和证据，对检举控告内容的真实性负责，不得夸大、歪曲事实，不得诬告陷害他人。

二是依法行使原则。检举控告人应依法行使监督权，自觉维护社会公共秩序和信访秩序，不得损害国家社会等公共利益，不得损害其他公民的合法权益。《纪检监察机关处理检举控告工作规则》规定，检举控告人应当自觉履行维护社会公共秩序和信访秩序的义务，不得损害党和国家利益以及公民个人的合法权益。监察法、刑事诉讼法等也对检举控告的程序和方式作出了规定。

三是不得打击报复原则。检举、控告是宪法赋予公民的基本权利，对于公民的控告或者检举，任何人不得压制和打击报复。刑事诉讼法、监察法等法律法规对此都作出了明确规定。负责处理检举控告的机关和部门不得将检举控告内容告知被检举、控告人，被检举、控告人应当正确对待检举控告，尊重处理检举控告工作人员，当合法权益因诬告陷害受到侵害时，应通过法律途径维护自身合法权益。

四是及时公开原则。对于公民的检举控告，有关机关、部门必须查清事实，认真处理，并及时将处理结果反馈检举人和控告人，同时依法向被检举、控告人反馈核查处理结论。

第九章　法律责任

任何单位和个人都应当遵守法律规定，如果违反了法律规定，就应当依法承担相应的法律责任。为了保障本法规定得到遵守，防止相关违法行为的发生，使违法行为依法受到惩处，本法区分不同情况，针对有关违法行为，规定了相应的法律责任。本章共6条，分别规定了主管部门责任、其他部门责任、接收单位责任、退役军人弄虚作假骗取待遇法律责任、调整退役待遇、法律衔接等制度。

按照立法惯例，本法在第八十条，对涉及治安管理处罚或者追究刑事责任的情形，作了衔接规定。第七十五条至第七十九条分别规定了相应的法律责任，对于违反本法规定、构成违反治安管理行为或者构成犯罪、需要依法给予治安管理处罚或者追究刑事责任的，依照第八十条执行，具体适用治安管理处罚法、刑法的规定。

第七十五条　退役军人工作主管部门及其工作人员有下列行为之一的，由其上级主管部门责令改正，对直接负责的主管人员和其他直接责任人员依法给予处分：

（一）未按照规定确定退役军人安置待遇的；

（二）在退役军人安置工作中出具虚假文件的；

（三）为不符合条件的人员发放退役军人优待证的；

（四）挪用、截留、私分退役军人保障工作经费的；

（五）违反规定确定抚恤优待对象、标准、数额或者给予退役军人相关待遇的；

（六）在退役军人保障工作中利用职务之便为自己或者他人谋取私利的；

（七）在退役军人保障工作中失职渎职的；

（八）有其他违反法律法规行为的。

【条文主旨】

本条是关于主管部门责任的规定。

【条文释义】

法律责任是指相关主体因不按照规定履行法定义务，或者侵犯他人的合法权利，而应当承担的由国家机关依法确认并强制其承受的法定不利后果。法律责任是法定义务得以履行的保障机制和违反法律规定的矫正机制。其特点：一是法律责任以法律义务的存在为前提，是因为违反法律上的义务而形成的责任关系；二是法律责任表现为一种责任方式，承担法律上的否定性后果，主要有补偿和制裁两种；三是法律责任具有违反法律义务和承担制裁后果的内在因果关系；四是法律责任的追究和执行是由国家强制力保障实施的。

承担法律责任的理论依据在于行为人基于自己的主观能动性实施了违法行为，实质依据是违法行为的社会危害性。从法律的价值角度讲，法律责任应体现正义与利益、惩罚与补偿的法律价值。其中，正义与利益是法律责任的主观性价值，惩罚与补偿是其客观性价值，两者共同构成法律责任的价值合理性。在实施或者追究法律责任过程中所必须遵循的基本原则主要有：一是责任法定原则，即法律责任只能由法律的规范预先规定；二是责任自负原则，即谁违反了法律，就由谁承担法律责任；三是责任平等原则，即任何责任主体都不得享有规避法律责任的特权，不能有法外的特权；四是因果关系原则，即违法行为与危害后果或者损害结果之间有因果关系，这是承担法律责任的必要条件；五是责任相称原则，即法律责任的性质、种类及其轻重与责任主体的违法行为及其造成的后果的性质和轻重相适应，类似的违法行为应当追究相同或者相近的法律责任。

一、违法行为

退役军人工作主管部门及其工作人员应当依照本法规定履行职责，如果有违法行为，就应当承担相应的法律责任。本条规定了八种违法行为：

一是未按照规定确定退役军人安置待遇的。本法第三章等有关内容规定了退役军官、军士、义务兵的安置方式和待遇。如果退役军人工作主管部门及其工作人员未按照本法规定确定退役军人安置待遇，例如，没有按照退休、转业、逐月领取退役金、复员、安排工作、自主就业、供养等方式予以相应安置，没有依法确定相应待遇，即构成本项所指的违法行为。

二是在退役军人安置工作中出具虚假文件的。退役军人的退役安置、移交接收、教育培训、就业创业、优待抚恤等工作的开展都需要退役军人工作主管部门出具相关身份证明等文件。退役军人工作主管部门应当实事求是，如实出具证明文件。如果违反规定，出具虚假文件，即构成本项所指的违法行为。

三是为不符合条件的人员发放退役军人优待证的。退役军人优待证是退役军人荣誉的象征。本法第十五条规定，安置地人民政府退役军人工作主管部门在接收退役军人时，向退役军人发放退役军人优待证。退役军人优待证全国统一制发、统一编号，管理使用办法由国务院退役军人工作主管部门会同有关部门制定。退役军人凭优待证可以享受公共交通、文化旅游等优待，但并不是所有的退役军人都可以领取退役军人优待证。如果退役军人违法犯罪，按照国家有关规定不能领取优待证，退役军人工作主管部门及其工作人员违反规定为其发放退役军人优待证的，即构成本项所指的违法行为。

四是挪用、截留、私分退役军人保障工作经费的。退役军人保障工作经费，是国家用于退役军人安置、教育培训、抚恤优待等保障工作的专用资金，是国家财产，任何单位和个人不得挪用、截留和私分。如果挪用、截留、私分，即构成本项所指的违法行为。

五是违反规定确定抚恤优待对象、标准、数额或者给予退役军人相关待遇的。本法对抚恤优待对象、标准、数额以及退役军人相关待遇作了原则规定，有关配套政策法规有相应具体规定，退役军人工作主管部门及其工作人员应当依法确定。如果退役军人工作主管部门及其工作人员违反规定确定抚恤优待对象、标准、数额或给予退役军人相关待遇，即构成本项所指的违法行为。

六是在退役军人保障工作中利用职务之便为自己或者他人谋取私利的。利用职务上的便利是指利用职务上的主管权力及其方便条件。谋取私利是指谋取不正当利益。退役军人工作主管部门工作人员利用主管退役军人安置保障等相关待遇的职务便利，为自己或者他人谋取不正当利益的，即构成本项所指的违法行为。

七是在退役军人保障工作中失职渎职的。失职是指没有尽到职责。渎职是指不尽职，在执行职务时犯严重过失。如果退役军人工作主管部门及其工作人员有失职渎职行为，会对退役军人保障工作造成损害，使国家公信力和退役军人利益遭受损失，本法将其列为应当予以追责的违法行为。

八是有其他违反法律法规行为的。本项为兜底项，规定退役军人工作主管部门及其工作人员存在其他违反法律法规的行为，应按照国家有关规定承担相应法律责任。

二、法律责任

本条规定的法律责任主要是指处分。公务员法、政务处分法等法律法规规定了六种处分方式：一是警告。警告是最轻的警戒性的纪律制裁方式，处分期间为六个月。二是记过。三是记大过。记过、记大过也是警戒性纪律制裁方式，记过的期间为十二个月，记大过的期间为十八个月。四是降级。降级是降低行为人行政级别的纪律制裁方式，处分期间为二十四个月。五是撤职。撤职是撤销公务员所担任职务的纪律制裁方式，受撤职处分的，应当按照规定降低级别，处分期间为二十四个月。六是开除。开除是解除被处分者与机关单位人事关系的纪律制裁方式，是最为严厉的处分方式，被开除者不再具有公职人员的身份。退役军人工作主管部门有上述八种违法行为的，由上级主管部门责令改正；退役军人工作主管部门工作人员违反本法的，依法予以处分。

第七十六条　其他负责退役军人有关工作的部门及其工作人员违反本法有关规定的，由其上级主管部门责令改正，对直接负责的主管人员和其他直接责任人员依法给予处分。

【条文主旨】

本条是关于其他部门责任的规定。

【条文释义】

退役军人保障工作是一项综合性工作，需要中央和国家有关机关、中央军事委员会有关部门、地方各级有关机关通力合作、密切配合。本法第七条规定，中央和国家有关机关、中央军事委员会有关部门、地方各级有关机关应当在各自职责范围内做好退役军人保障工作。军队各级负责退役军人有关工作的部门与县级以上人民政府退役军人工作主管部门应当密切配合，做好退役军人保障工作。其他负责退役军人有关工作的部门就是指上述部门。

其他负责退役军人有关工作的部门及其工作人员，应当恪尽职守，依法履行退役军人保障职责。关于这些部门的具体职责，本法在有关条款作了相应规定。例如，第十七条规定，安置地人民政府公安机关应当按照国家有关规定，及时为退役军人办理户口登记。第十八条规定，退役军人原所在部队应当按照有关法律法规规定，及时将退役军人及随军未就业配偶的养老、医疗等社会保险关系和相应资金，转入安置地社会保险经办机构。此外，本法有关条款对其他负责退役军人工作的部门在退役军人移交接收、退役安置、教育培训、优待抚恤等方面的职责作出了较为具体的规定，有关部门及其工作人员违反本法规定的，由其上级主管部门责令改正，对直接负责的主管人员和其他直接责任人员依法给予处分。如果有关军事机关或者现役军人违反本法规定，应当依照《中国人民解放军纪律条令（试行)》等军事法规的规定执行。

第七十七条　违反本法规定，拒绝或者无故拖延执行退役军人安置任务的，由安置地人民政府退役军人工作主管部门责令限期改正；逾期不改正的，予以通报批评。对该单位主要负责人和直接责任人员，由有关部门依法给予处分。

【条文主旨】

本条是关于接收单位责任的规定。

【条文释义】

退役军人是党和国家的宝贵财富，是社会主义现代化建设重要力量，是干部队伍建设重要来源。把退役军人安排好、使用好，继续发挥作用，具有重要意义。

党和国家历来高度重视退役军人安置工作，尤其是军队转业干部安置工作，对安置工作领导责任制提出一系列要求。各级党委、政府和军队各级组织要把做好安置工作列入重要议事日程，加强组织领导，周密安排部署，确保各项工作落实，要进一步强化政令军令号令意识，健全领导责任制，作为考核领导班子、领导干部政绩的重要内容和评选双拥模范城（县）的重要条件。国家明确要求，严肃安置工作纪律，各地区各部门和各接收单位要认真落实国家下达的安置计划，严格执行中央各项安置政策。各地制定的安置工作政策性文件和规定，相关内容必须符合中央政策，不得在中央政策之外另设接收条件、提高安置门槛，坚决清理和纠正不符合中央政策的各种规定。对在安置工作中违规违纪的，要及时进行批评教育或处分，严重违反政策规定以及构成犯罪的要依纪依法严肃处理。

为了进一步做好安置工作，提高安置质量，本法对接收安置单位作了硬性规定，限定接收安置单位的范围，转业军官、安排工作的军士和义务兵，由机关、人民团体、事业单位和国有企业接收安置。机关、人民团体、事业单位和国有企业应当严格落实法律规定，认真执行退役军人安置任务。如果违反本法规定，拒绝或者无故拖延执行退役军人安置任务的，由安置地人民政府退役军人工作主管部门责令限期改正；逾期不改正的，予以通报批评。对该单位主要负责人和直接责任人员，由有关部门依法给予处分。

第七十八条　退役军人弄虚作假骗取退役相关待遇的，由县级以上地方人民政府退役军人工作主管部门取消相关待遇，追缴非法所得，并由其所在单位或者有关部门依法给予处分。

【条文主旨】

本条是关于退役军人弄虚作假骗取待遇法律责任的规定。

【条文释义】

退役军人为国防和军队建设做出了重要贡献，是社会主义现代化建设的重要力量，应继续发扬人民军队优良传统，模范遵守宪法和法律法规。如果退役军人违反法律规定，通过弄虚作假骗取退役相关待遇，就构成违法行为，这既损害了国家利益和法律的权威，也侵害了其他退役军人的合法权益，必须依法予以制裁。

实践中，有极少数退役军人通过弄虚作假骗取退役相关待遇，例如：伪造立功受奖证明材料，骗取增发一次性退役金和安排工作待遇；伪造、涂改医疗文书或者相关证明，骗取残疾退役军人待遇；涂改档案，伪造艰苦地区、特殊岗位服役经历和年限，骗取相关待遇；伪造结婚证明、户籍证明等证明材料，骗取易地安置待遇；在考试考核中弄虚作假，骗取相关待遇；等等。

现行法律法规从不同角度对退役军人弄虚作假骗取待遇的处罚作了规定。例如，军人保险法规定，以欺诈、伪造证明材料等手段骗取军人保险待遇的，由相关机关和社会保险行政部门责令限期退回，并依法给予处分。《军人抚恤优待条例》规定，抚恤优待对象冒领抚恤金、优待金、补助金的，虚报病情骗取医药费的，出具假证明、伪造证件、印章骗取抚恤金、优待金、补助金的，由有关部门给予警告，限期退回非法所得；情节严重的，停止其享受的抚恤、优待；构成犯罪的，依法追究刑事责任。《退役士兵安置条例》规定，退役士兵弄虚作假骗取安置待遇的，由相关部门取消相关安置待遇。

在此基础上，本条明确规定，退役军人弄虚作假骗取退役相关待遇的，由县级以上地方人民政府退役军人工作主管部门取消相关待遇，追缴非法所得，并由其所在单位或者有关部门依法给予处分。如果弄虚作假行为同时违反其他法律法规，应依法追究法律责任。

第七十九条　退役军人违法犯罪的，由省级人民政府退役军人工作主管部门按照国家有关规定中止、降低或者取消其退役相关待遇，报国务院退役军人工作主管部门备案。

退役军人对省级人民政府退役军人工作主管部门作出的中止、降低或者取消其退役相关待遇的决定不服的，可以依法申请行政复议或者提起行政诉讼。

【条文主旨】

本条是关于调整退役待遇的规定。

【条文释义】

一、退役军人违法犯罪的，应当依法调整退役相关待遇

法律是规范权利义务的，法律主体依法享有权利，承担相应的义务。本法在总则中明确规定，国家关心、优待退役军人，加强退役军人保障体系建设，保障退役军人依法享有相应的权益，同时，在后续条文中对退役军人权益作了全面规定。退役军人在依法享有普通公民的权益之外，还依法享有党和国家给予的特殊保障和优待。退役军人如果实施了违法犯罪行为，损害了国家和人民的利益，应依照相关法律法规对其违法行为予以处罚，同时调整其退役相关待遇。违法犯罪的退役军人不能和广大遵纪守法的退役军人一样，同等享受党和国家给予的退役相关待遇。

将违法犯罪行为与待遇相联系的做法，不管是现役军人还是退役军人，或者其他群体，政策法规都有相应规定，不乏先例。例如，中央军委《中国人民解放军纪律条令（试行）》第二百一十九条规定，对被除名的义务兵，取消其军衔，原有职务自然撤销，不得享受国家对退出现役军人的优待；第二百二十条规定，对被开除军籍的人员，取消其军衔和在服役期间获得的军队奖励、表彰，原有职务、级别自然撤销，不得享受国家对退出现役军人的优待。国务院办公厅《为烈属、军属和退役军人等家庭悬挂光荣牌工作实施办法》规定，悬挂光荣牌对象及其家庭成员依法被判处刑事处罚或被公安机关处以治安管理处罚且产生恶劣影响的，现役军人被除名、开除军籍的，取消其家庭悬挂光荣牌资格，已悬挂的由县级人民政府退役军人事务主管部门负责收回。党和国家有关部门也出台了相应的规定，对离退休的公务员、事业单位工作人员违法犯罪后相关待遇处理作出了规定。

本条是对退役军人违法犯罪后相关待遇处理的原则性规定，主要

目的是为国防和军队改革、退役军人保障相关配套政策法规提供基本的法律依据。本条与第七十五条、第七十六条、第七十七条、第七十八条不同，有关部门不能直接引用本条对特定对象进行处罚。违法犯罪行为对应减损哪些待遇，需要依据“国家有关规定”执行。

在执行主体上，本条规定，由省级人民政府退役军人工作主管部门按照国家有关规定中止、降低或者取消其退役相关待遇，报国务院退役军人工作主管部门备案。这体现了国家的慎重态度，也回应了社会各界的关注。在退役军人保障法草案向社会公开征求意见期间，有的意见对“由县级以上地方人民政府退役军人工作主管部门根据国家有关规定，中止、降低或者取消其相关待遇”的规定存有疑虑，经反复研究，本法决定，将“县级以上地方人民政府退役军人工作主管部门”调整为“省级人民政府退役军人工作主管部门”，并要求报国务院退役军人工作主管部门备案，以加强监督。省级人民政府退役军人工作主管部门必须按照“国家有关规定”才能作出相应决定。

二、法律救济途径

行政复议，是指公民、法人或者其他组织认为行政行为侵犯其合法权益，向行政机关提出申请，行政复议机关受理行政复议申请、作出行政复议有利于化解行政争议，监督和保障行政机关依法行使行政职权，防止和纠正违法或者不当的行政行为。

行政诉讼，是指公民、法人或者其他组织认为行政机关及其工作人员的行政行为侵犯其合法权益，有权依照行政诉讼法向人民法院提起诉讼。行政诉讼有利于解决行政争议，监督行政机关依法行使职权。

这一款是对退役军人合法待遇的法律保护，也是对退役军人工作主管部门及其工作人员的监督，意在通过监督、保障促进退役军人工作主管部门及其工作人员依法行政，切实保障退役军人合法权益。

第八十条　违反本法规定，构成违反治安管理行为的，依法给予治安管理处罚；构成犯罪的，依法追究刑事责任。

【条文主旨】

本条是关于法律衔接的规定。

【条文释义】

本条是常用的立法习惯性表述，主要指违反了本法的规定又同时触犯治安管理相关法律和构成犯罪的需要依法进入司法程序追究刑事责任的，应依法给予治安管理处罚或者追究刑事责任。本条适用对象既包括退役军人，也包括退役军人工作主管部门及其工作人员、其他有关部门及其工作人员。

违反治安管理行为是行政违法行为，具有行政违法性特征（违反行政法律规范），具有社会危害性且妨害正常的行政管理秩序和行政权运行规则，它们都发生在行政管理活动中即行使行政职权或与行政职权有关的活动过程中。违反治安管理的行为会造成一定社会危害，但是其危害程度够不上刑事犯罪。刑事责任是指因实施犯罪行为应当承担刑罚，按刑事法律的规定追究其法律责任。违反本法规定的行为，如果同时构成治安管理处罚行为或者同时违反刑法相关规定构成犯罪行为，则可能发生行政法律责任、刑事法律责任等数项法律责任竞合的情况。当出现法律责任竞合时，退役军人工作主管部门及其工作人员、退役军人依本法已承担的行政法律责任，不影响承担其他法律责任。例如，退役军人工作主管部门及其工作人员违反本法第七十五条规定，也可能构成贪污、受贿、挪用公款、渎职等单位犯罪行为或个人犯罪行为，应当依照本法对单位或个人追究行政责任，同时根据刑法关于贪污、受贿、挪用公款、渎职犯罪等有关规定，依法追究相应的刑事责任。又如，退役军人违反本法第七十八条规定，弄虚作假骗取退役相关待遇的，如果其弄虚作假骗取退役相关待遇的过程中，涉及伪造、变造、买卖国家机关公文、证件、印章等犯罪行为，或者涉及诈骗犯罪相关行为，一方面，根据本法规定，应由县级以上地方人民政府退役军人工作主管部门取消退役军人相关待遇，追缴非法所得，并由其所在单位或者有关部门依法给予处分；另一方面，应根据刑法关于伪造、变造、买卖国家机关公文、证件、印章犯罪相关规定，或者诈骗罪相关规定，依法追究相应的刑事责任。再如，退役军人依照本法第七十条相关规定表达诉求、维护自身合法权益的，或者依照本法第七十四条相关规定对退役军人保障工作中违反本法行为予以检举、控告的，如果未采取合法方式进行，违反治安管理处罚相关法律规定的，依法给予治安管理处罚，构成犯罪的，依法追究相应的刑事责任。

第十章　附　　则

附则是法律主要制度的辅助性内容，是法律的组成部分，和总则、分则具有同等法律效力。附则的内容通常是放在总则和分则中都不合适的，以及在总则和分则中不便解释或者不便列举的一些附带性的规定。附则同总则一样，在分章节的法律法规中是明示的，通常作为最后一章，在不分章节的法律法规中虽然也存在附则，但不出现“附则”的字样。其内容通常包括：法律中涉及的名词或者术语的解释，关于法律适用范围的参照扩大或排除，关于法律的生效和施行时间，等等。本章共5条，主要规范了武装警察部队、文职干部、军队院校学员、参试退役军人的适用，参战参试退役军人的范围和认定，军官离职休养和军级以上职务军官退休后安置管理，本法施行前自主择业退役军人待遇保障，施行日期等制度。

第八十一条　中国人民武装警察部队依法退出现役的警官、警士和义务兵等人员，适用本法。

【条文主旨】

本条是关于中国人民武装警察部队适用本法的规定。

【条文释义】

人民武装警察部队是中华人民共和国武装力量的重要组成部分，由党中央、中央军事委员会集中统一领导，担负执勤、处置突发社会安全事件、防范和处置恐怖活动、海上维权执法、抢险救援和防卫作战以及中央军事委员会赋予的其他任务。人民武装警察享有法律、法规规定的现役军人的权益，当人民武装警察退出现役时，也享有法律法规赋予退役军人的权益。因此，本法规定，中国人民武装警察部队依法退出现役的警官、警士和义务兵等人员适用本法。

根据《中国人民解放军军官军衔条例》《中国人民武装警察部队实行警官警衔制度的具体办法》《中国人民解放军现役士兵服役条例》的有关规定，人民武装警察部队警官对应于中国人民解放军军官，人民武装警察部队警士对应于中国人民解放军军士，人民武装警察部队义务兵对应于中国人民解放军义务兵。因此，中国人民武装警察部队依法退出现役的警官、警士和义务兵分别适用本法关于军官、军士和义务兵的有关规定。

第八十二条　本法有关军官的规定适用于文职干部。

军队院校学员依法退出现役的，参照本法有关规定执行。

【条文主旨】

本条是关于文职干部和军队院校学员适用本法的规定。

【条文释义】

一、文职干部

文职干部是我国实行文职干部制度时期被任命为初级以上专业技术职务或者办事员级以上职务且不授予军衔的现役军人，他们是国家干部队伍的组成部分。我国自 1988 年起实行文职干部制度，改变过去单一的干部编制结构和单一的管理办法，把部分专业技术干部和为机关、院校服务的行政事务、生活保障干部，同担负指挥职能的现役军官区分开来，实行现役军官与文职干部相结合的制度。《中国人民解放军文职干部条例》第二十九条规定，文职干部退出现役以后的安置和管理，按照现役军官的有关规定执行。兵役法规定，中国人民解放军根据需要配备文职干部，有关军官的规定适用于文职干部。在此基础上，本法规定，本法有关军官的规定适用于文职干部。

此外，需要注意的是，文职干部不同于文职人员，文职干部是现役军人，文职人员不是现役军人。国务院、中央军委于2005年建立了文职人员制度，并于2017年对这一制度进行了调整完善。根据新修订的《中国人民解放军文职人员条例》，文职人员是指在军民通用、非直接参与作战且社会化保障不宜承担的军队编制岗位从事管理工作和专业技术工作的非现役人员。文职人员离开军队工作岗位，待遇按照国家有关规定执行，不享受退役军人待遇。

二、军队院校学员

军队院校学员，是中国人民解放军院校按照国家和军队有关招生政策规定录取的全日制学习的干部学员、生长干部学员和士官学员。军队院校学员有两个来源，一是从军队中录取的军官、士兵，二是从地方招录的学员。从军队中录取的军官、士兵有中国人民解放军军籍。对于从地方招录的学员，《中国人民解放军院校学员管理条例》第九条规定，取得学籍后的地方青年学生学员，按照有关规定办理入伍手续，军龄自入学当年9月1日起计算。因此，凡是按照国家和军队有关招生政策规定录取的军队院校学员都有中国人民解放军军籍，其依法退出现役的，军队有关政策法规作了全面规定。在此基础上，本法规定，军队院校学员依法退出现役的，参照本法有关规定执行。

第八十三条　参试退役军人参照本法有关参战退役军人的规定执行。

参战退役军人、参试退役军人的范围和认定标准、认定程序，由中央军事委员会有关部门会同国务院退役军人工作主管部门等部门规定。

【条文主旨】

本条是关于参试退役军人以及两参人员认定的规定。

【条文释义】

一、参试退役军人

参试退役军人主要是指参加过核试验的退役军人。参试退役军人曾经为国防和军队建设做出了重要贡献，其退出现役后，也应当享有相应的保障和优待。根据本条规定，参试退役军人适用本法时，参照本法有关参战退役军人的规定。本法多个条文对参战退役军人的待遇保障等作出了规定。比如，第四十条规定，服现役期间因战被评定残疾等级和退役后补评或者重新评定残疾等级的残疾退役军人，有劳动能力和就业意愿的，优先享受国家规定的残疾人就业优惠政策；第五十二条规定，军队医疗机构、公立医疗机构应当为退役军人就医提供优待服务，并对参战退役军人给予优待；第六十三条规定，县级以上地方人民政府负责地方志工作的机构应当将本行政区域内参战退役军人的名录和事迹，编辑录入地方志。

二、参战、参试退役军人的身份认定

参战、参试退役军人的身份认定是一项严肃的政治工作，具有很强的专业性，需要符合相应条件，并按照相关程序予以认定。经有关部门认定为参战、参试退役军人的，才能享受相应的待遇和保障。过去一段时间，由于档案制度不完备等原因，存在个别人员冒充参战、参试退役人员领取定期生活补助等问题。战争战斗、核试验是国家重大国防和军事行动，是在中央军事委员会领导下开展的，因此，本条第二款授权中央军事委员会有关部门会同国务院退役军人工作主管部门等部门规定参战退役军人、参试退役军人的范围和认定标准、认定程序。

第八十四条　军官离职休养和军级以上职务军官退休后，按照国务院和中央军事委员会的有关规定安置管理。

本法施行前已经按照自主择业方式安置的退役军人的待遇保障，按照国务院和中央军事委员会的有关规定执行。

【条文主旨】

本条是关于离休军官、军级以上职务退休军官的安置管理和自主择业军队转业干部的待遇保障的规定。

【条文释义】

一、离休军官、军级以上职务退休军官的安置管理

鉴于现役军官法已经对离休军官、军级以上职务退休军官的安置管理作了规定，本法没有重复，仅在第二十一条对移交政府安置的退休军官作了规定。在向社会公开征求意见过程中，许多意见提出本法没有体现离退休军官的法律地位，应当予以规范。考虑到军事政策制度改革正在统筹推进，经反复研究，本条第一款作了衔接性规定，规定军官离职休养和军级以上职务军官退休后按照国务院和中央军事委员会的有关规定安置管理。

二、自主择业军队转业干部的待遇保障

2001 年，中共中央、国务院、中央军委颁布《军队转业干部安置暂行办法》，对军队转业干部实行计划分配与自主择业相结合的方式安置。本条提到的“本法实施前已经按照自主择业方式安置的退役军人”，指的就是 2001 年以来按暂行办法规定已经退出现役的自主择业军队转业干部。多年来，国务院有关部门和中央军委相关部门根据该暂行办法先后出台系列文件，不断健全完善自主择业安置政策制度，尤其是在待遇保障上已形成了涵盖核定、调整、发放等各方面较为完备的政策体系，各地按照规定落实政策，保障了自主择业军转干部各项待遇。

自主择业军队转业干部在社会主义现代化建设中发挥了重要作用，在本法制定过程中，许多意见建议在法律中规定他们的地位和待遇保障。考虑到军事政策制度改革正在统筹推进，本条第二款作了衔接性规定，规定本法施行前已经按照自主择业方式安置的退役军人的待遇保障，按照国务院和中央军事委员会的有关规定执行。

第八十五条　本法自2021年1月1日起施行。

【条文主旨】

本条是关于施行日期的规定。

【条文释义】

一、法律的施行日期

施行日期即法律的生效日期，是指法律开始施行并发生法律效力的日期。一部法律通过以后面临从什么时候开始生效、在什么地域范围内生效、对什么人有效的问题，也就是法律的效力范围。法律的效力范围包括时间效力、空间效力和对人的效力三个方面。生效日期是关于法律时间效力的规定，它关系到公民、法人和其他组织从何时起开始依法享有权利，并履行法律规定的义务。

立法法第五十七条规定，法律应当明确规定施行日期。我国现行法律一般都在法律的最后一条规定该法的生效日期。从我国已制定的法律来看，生效日期的规定大体上可以分为三种情况：一是在法律条文中直接规定生效日期。比如，外商投资法于2019年3月15日通过并颁布，该法第四十二条规定，本法自2020年1月1日起施行。二是在法律条文中没有直接规定具体的生效日期，而是规定“本法自公布之日起施行”。根据宪法第八十条关于法律由国家主席公布的规定，法律的公布日期以国家主席发布主席令的日期确定。目前，国家主席一般都是于全国人大或者全国人大常委会通过法律的当天发布命令公布法律。比如，国际刑事司法协助法由第十三届全国人大常委会第六次会议于2018年10月26日通过，该法第七十条规定，本法自公布之日起施行。同日，习近平主席签署主席令，公布该法。三是规定一部法律的生效日期取决于另一部法律的制定和实施时间。比如，1986年12月2日第六届全国人大常委会第十八次会议通过的企业破产法（试行）（已废止）第四十三条规定，“本法自全民所有制工业企业法实施满三个月之日起试行”。当时，全民所有制工业企业法尚未制定，所以企业破产法（试行）最终生效的时间是全民所有制工业企业法1988年8月1日生效后3个月的1988年11月1日。现行有效的法律中，上述第三种关于生效日期的规定已经比较少见。

二、关于本法的施行日期

本法采用的是上述第一种情况，即在法律条文中规定具体的生效日期，生效日期与颁布日期之间留有一定的时间间隔。这样规定的主要考虑是，退役军人保障法作为退役军人事务领域第一部综合性法律，对退役军人工作进行了全面规范，明确了退役军人保障的基本方针、原则、主要制度等，为退役军人工作提供了基本法律依据，内容丰富，涉及面广，为其实施留出充分的准备时间是十分必要的。综合考虑退役军人保障法的重要性和进行前期准备的必要性，本条规定本法自2021年1月1日起施行，为法律生效预留了一定的准备期间。在准备期间，各级国家机关特别是有关行政主管部门，应当抓紧时间学习掌握本法，对法律进行必要的宣传、培训，按照职责做好本法实施的各项准备工作。

第三部分

附　　录

关于《中华人民共和国退役军人保障法（草案）》的说明

——2020年6月18日在第十三届全国人民代表大会常务委员会第十九次会议上

退役军人事务部部长　孙绍骋

委员长、各位副委员长、秘书长、各位委员：

我受国务院、中央军委的委托，现对《中华人民共和国退役军人保障法（草案）》作说明。

退役军人为国防和军队建设做出了重要贡献，是社会主义现代化建设的重要力量，是党和国家的宝贵财富。做好退役军人工作，对于巩固党的执政地位、确保国家政权稳固、厚植强军兴军根基、维护社会安全稳定具有十分重要的意义。习近平总书记多次作出指示批示，强调要加强退役军人管理保障工作，切实维护好退役军人合法权益，让军人成为全社会尊崇的职业。李克强总理多次强调，要扎实做好退役军人安置工作，加强退役军人服务管理，落实退役军人待遇保障。

新中国成立以来，党中央、国务院、中央军委制定了一系列政策法规，对维护退役军人权益、做好退役军人服务管理保障工作发挥了重要作用。随着经济社会的快速发展、国防和军队改革的深入推进，退役军人工作面临着新形势新任务新变化：一是党的十八大以来，以习近平同志为核心的党中央对退役军人工作作出一系列重大部署，对新时代做好退役军人工作提出了新要求。二是2018年3月机构改革之前对军官和士兵的安置、就业、优待等工作分散在相关部门，有关规定比较分散，需要整合。三是对退役军人工作中普遍反映的问题，需要通过法律予以统筹解决。鉴此，有必要制定一部系统完备的法律，为做好新时代退役军人工作提供法治保障。

退役军人事务部、中央军委政治工作部起草了《中华人民共和国退役军人保障法（草案）（送审稿）》，于2019年7月提请国务院、中央军委审议。收到此件后，司法部和中央军委法制局分别征求了中央有关单位、省级政府以及军队有关单位的意见，并赴地方调研，召开座谈会听取地方政府及其有关部门和作战部队、退役军人代表的意见，在此基础上，会同退役军人事务部、中央军委政治工作部等有关部门，对送审稿作了研究修改，形成了《中华人民共和国退役军人保障法（草案）》（以下简称草案）。草案已经国务院常务会议和中央军委常务会议讨论通过。现将草案主要内容说明如下：

一、总体思路

草案在总体思路上主要把握了以下几点：一是贯彻落实习近平总书记关于退役军人工作的重要论述和党中央、国务院、中央军委关于退役军人工作的决策部署及改革要求，坚持服务经济社会发展、服务国防和军队建设，为退役军人工作提供法治保障，使军人成为全社会尊崇的职业。二是坚持既尽力而为又量力而行，紧紧围绕退役军人普遍关注的移交安置、教育培训、抚恤优待等问题，在完善现行政策的基础上规定了一系列创新举措。三是坚持统筹协调，处理好不同时期、不同类别退役军人权益的合理平衡，注重服务保障与教育管理、物质待遇与精神激励相结合。四是做好与相关法律法规的衔接，并为下一步制定修订配套法规政策留出接口。

二、主要内容

（一）明确退役军人工作的基本原则。

一是确定工作原则。规定退役军人工作坚持中国共产党的领导，坚持为经济社会发展服务、为国防和军队建设服务的方针，遵循以人为本、分类保障、服务优先、依法管理的原则（第三条）。二是明确退役军人的权利义务。规定国家尊重、优待退役军人，保护退役军人的合法权益，同时要求退役军人模范遵守宪法和法律法规（第四条、第五条）。三是确立工作体制。明确了退役军人工作主管部门、其他有关机关、军队有关部门的各自职责（第六条）。

（二）规范退役军人的移交接收。

一是明确责任主体。规定退役军人原所在部队应当将退役军人移交安置地退役军人工作主管部门接收（第十一条）。二是完善工作程序。要求退役军人在规定时间内到安置地退役军人工作主管部门报到，并对退役军人的档案移交、户口登记等事项作了规定（第十二条至第十五条）。三是改进军地衔接机制。规定在移交接收过程中，退役军人发生与服现役有关的问题，由其原所在部队负责处理；发生与安置有关的问题，由安置地政府负责处理（第十六条）。

（三）提高退役军人的安置质量。

一是完善安置方式。国家采取退休、转业、复员、逐月领取退役金、自主就业、安排工作、供养等方式，对退役军人予以妥善安置（第十八条至第二十一条）。二是加强安置保障。规定转业军官、安排工作的军士和义务兵，由机关、人民团体、事业单位和国有企业接收安置，并按照规定给予编制保障。对转业军官，明确由政府根据工作需要和其德才条件以及在军队的职务、等级等因素安排工作岗位，做好职务职级确定工作（第十八条第三款、第二十二条）。三是树立鲜明的安置导向。对有参战经历等情形的退役军人，予以优先安置（第二十二条第一款)。

(四)创新退役军人教育培训。

一是完善退役前的教育培训。规定军人退役前,所在部队可以提供职业技能储备培训,组织参加高等教育自学考试和高等学历继续教育,以及非学历继续教育(第三十条)。二是完善教育优惠政策。明确高等学校通过单列计划、单独招生等方式招考退役军人;现役军人入伍前已被普通高等学校录取或者是正在就学的学生,退役后在入学、复学等方面享受相关教育优惠政策(第三十一条、第三十二条)。三是加强职业技能培训。规定国家依托相关教育资源为退役军人提供职业技能培训(第三十三条)。

(五)加大就业创业扶持力度。

一是加强就业支持。规定机关、人民团体、事业单位和国有企业同等条件下优先招录、招聘退役军人(第三十八条)。二是拓宽就业渠道。要求各地设置一定数量的基层公务员职位面向服现役满五年的高校毕业生退役军人招考(第三十九条)。三是加大创业支持力度。规定相关创业孵化基地和创业园区优先为退役军人提供创业服务,退役军人及其创办的小微企业可以申请创业担保贷款(第四十一条、第四十二条)。

(六)加大优待和褒扬力度。

一是明确普惠与优待叠加的原则。规定政府在保障退役军人享受普惠性政策和公共服务基础上,结合服役贡献和各地实际情况给予优待(第四十四条)。二是合理确定优待范围。明确在社会保险、住房、医疗、交通、文化等方面,对退役军人给予相应优待(第四十六条至第五十条)。三是强化荣誉激励。规定国家对做出突出贡献的退役军人予以表彰、奖励;退役军人服现役期间获得表彰、奖励的,退役后按规定享受相应待遇;地方政府应当为退役军人家庭悬挂光荣牌(第五十三条至第五十五条)。

（七）完善管理和监督制度。

一是推进服务体系建设。规定政府应当建立健全退役军人服务体系，加强退役军人服务机构建设（第六十条）。二是加强教育管理。规定退役军人工作主管部门、接收安置单位等应当加强对退役军人的思想政治教育和保密教育管理（第六十一条、第六十二条）；军人服现役期间受到纪律处分且影响恶劣的，退役军人受到刑事处罚或者受到治安管理处罚且影响特别恶劣的，视情节轻重中止、降低或者取消其相关待遇（第二十六条、第七十一条第二款）。三是强调依法维护退役军人合法权益。规定退役军人工作主管部门应当为退役军人维护合法权益提供支持，公共法律服务有关机构应当依法提供必要的帮助（第六十四条）。

此外，草案还对违规确定退役军人安置待遇等违法行为规定了相应的法律责任（第九章）。

草案和以上说明是否妥当，请予审议。

全国人民代表大会宪法和法律委员会关于《中华人民共和国退役军人保障法（草案）》修改情况的汇报

全国人民代表大会常务委员会：

常委会第十九次会议对退役军人保障法（草案）进行了初次审议。会后，法制工作委员会将草案印发各省（区、市）、基层立法联系点和中央有关部门等征求意见，在中国人大网公布草案，征求社会公众意见；梳理全国人大代表在十三届全国人大三次会议上提出的关于退役军人保障工作的建议；宪法和法律委员会、社会建设委员会和法制工作委员会联合召开座谈会，听取中央有关部门的意见；宪法和法律委员会、法制工作委员会到北京、上海、江苏等地调研，听取全国人大代表、地方有关部门、退役军人服务机构、退役军人和现役军人代表等的意见，就草案中的主要问题与有关部门交换意见，共同研究。宪法和法律委员会于9月15日召开会议，根据常委会组成人员的审议意见和各方面意见，对草案进行了逐条审议。社会建设委员会、司法部、退役军人事务部、中央军委法制局、中央军委政治工作部的有关负责同志列席了会议。9月29日，宪法和法律委员会召开会议，再次进行了审议。现将退役军人保障法（草案）主要问题的修改情况汇报如下：

一、有些常委会组成人员、部门、地方和社会公众提出，应更加突出本法的保障法定位，进一步明确和细化相关保障措施。宪法和法律委员会经研究，建议将“退役军人工作”统一修改为“退役军人保障工作”，删去部分条款中有关管理的表述。同时，明确或增加以下规定：一是国家加强退役军人保障体系建设。二是退役军人优待证全国统一制发、统一编号。三是以供养方式安置的，由国家供养终身。四是国家逐步缩小退役军人抚恤优待制度地区差异。五是退役军人凭退役军人优待证等有效证件享受旅游等优待。六是县级以上人民政府充分利用现有医疗和养老服务资源，收治或者集中供养孤老、生活不能自理的退役军人。七是建立健全退役军人权益保障机制，畅通诉求表达渠道。（草案二次审议稿第一条、第二条、第三条、第四条、第七条、第八条、第九条、第十一条、第十五条、第二十二条、第二十三条、第四十九条、第五十三条、第五十四条、第六十九条、第七十一条、第七十三条、第七十四条）

二、有的常委委员、地方和社会公众建议，进一步细化安置工作、待遇确定的有关原则。宪法和法律委员会经研究，建议增加规定：一是退役军人安置工作应当公开、公平、公正。二是退役军人的政治、生活等待遇与其服现役期间所做贡献挂钩。三是以安排工作方式安置的军士和义务兵，由安置地人民政府根据其服现役期间所做贡献、专长等安排工作岗位。四是国有企业接收安置转业军官、安排工作的军士和义务兵的，应当按照国家规定与其签订劳动合同，保障相应待遇。（草案二次审议稿第五条、第二十二条、第二十三条、第二十六条）

三、有的常委委员、地方和社会公众建议，进一步明确中央财政主要承担的退役军人保障工作经费范围。宪法和法律委员会经与退役军人事务部研究，建议增加规定：退役安置、教育培训、抚恤优待资金主要由中央财政承担。（草案二次审议稿第九条）

四、有的常委委员、部门和社会公众建议，对退役军人的社会保险转移接续、缴费年限计算等作出规定。宪法和法律委员会经与退役军人事务部、军委政治工作部研究，建议增加规定：一是退役军人原所在部队应当按照有关法律规定，及时将退役军人及随军未就业配偶的养老、医疗保险关系和相应资金，转入安置地社会保险经办机构。安置地人民政府退役军人工作主管部门应当与社会保险经办机构、军队有关机关密切配合，依法做好有关社会保险关系和相应资金转移接续工作。二是退役军人服现役年限与入伍前、退役后参加职工基本养老保险、职工基本医疗保险、失业保险的缴费年限依法合并计算。（草案二次审议稿第十八条、第五十条）

五、有的常委会组成人员、地方和中央有关部门建议，进一步增强退役军人教育培训措施的针对性。宪法和法律委员会经与退役军人事务部研究，建议增加规定：一是教育培训是退役军人保障工作的重要组成部分，应当以提高就业质量为导向，紧密围绕社会需求，为退役军人提供有特色、精细化、针对性强的培训服务。二是退役军人未达到法定退休年龄需要就业创业的，可以享受职业技能培训补贴等相应扶持政策。三是军士和义务兵退出现役，安置地人民政府应当组织其免费参加职业教育、技能培训，经考试考核合格的，发给相应的学历证书、职业资格证书并推荐就业。（草案二次审议稿第三十一条、第三十六条）

六、有的部门、地方和社会公众建议，对未就业退役军人的有关保障作出规定。宪法和法律委员会根据人力资源和社会保障部提出的方案，建议增加规定：退役军人未能及时就业的，在人力资源和社会保障部门办理求职登记后，可以按照规定享受失业保险待遇。（草案二次审议稿第四十一条第三款）

七、有的部门、地方和社会公众建议，应当允许部分军人退役后回入伍前原单位工作。宪法和法律委员会经与退役军人事务部研究，建议增加规定：退役的军士和义务兵入伍前是机关、群团组织、事业单位或者国有企业人员的，退役后可以选择复职复工。（草案二次审议稿第四十二条第二款）

八、有的部门和社会公众提出，国防和军队建设有关的岗位应当优先选用退役军人。宪法和法律委员会经与军委政治工作部研究，建

议增加规定：军队文职人员岗位、国防教育机构岗位等，应当优先选用符合条件的退役军人。（草案二次审议稿第四十三条第四款）

九、有的部门、地方提出，考虑到军队承担的任务较重，选派军事教员帮助学校开展学生军事训练存在一定困难，建议增加退役军人参与学生军事训练的有关规定。宪法和法律委员会经与教育部研究，建议增加规定：学校可以聘请退役军人参与学生军事训练等国防教育活动。（草案二次审议稿第六十一条第二款）

十、有的常委委员提出，为了弘扬英雄烈士精神，加强对英雄烈士和退役军人的褒扬，建议对烈士纪念设施和军人公墓建设等作出规定。宪法和法律委员会经研究，建议增加规定：国家弘扬英雄烈士精神，统筹规划烈士纪念设施建设。退役军人工作主管部门做好烈士纪念设施的修缮、保护和管理，组织开展英雄烈士祭扫纪念活动。国家推进军人公墓建设。（草案二次审议稿第六十三条）

十一、有的常委委员、地方和社会公众建议，进一步明确退役军人服务体系建设的具体内容，以及退役军人服务机构的有关职责。宪法和法律委员会经与退役军人事务部研究，建议增加规定：一是县级以上人民政府设立退役军人服务中心，乡镇、街道、农村和城市社区设立退役军人服务站点。二是退役军人服务中心、服务站点等退役军人服务机构应当加强与退役军人联系沟通，做好退役军人就业创业扶持、优抚帮扶、走访慰问、权益维护等服务保障工作。（草案二次审议稿第六十四条、第六十五条）

十二、有的部门、社会公众建议，增加退役军人工作主管部门接受监督的有关规定。宪法和法律委员会经与退役军人事务部研究，建议增加规定：退役军人工作主管部门及其工作人员履行职责，应当自觉接受社会监督。同时，增加退役军人保障工作中失职渎职行为的法律责任。（草案二次审议稿第七十二条、第七十四条）

十三、有的部门、社会公众、退役军人和现役军人提出，军人服现役期间受到纪律处分后的职级确定和待遇处理问题，相关规定已经比较明确，无需重复规定；军人退役后因违法犯罪被中止、降低或者取消其相关待遇的决定部门层级也比较低。宪法和法律委员会经与退役军人事务部研究，建议删去草案第二十六条的规定，并将草案第七十一条第二款修改为：退役军人违法犯罪的，由省级人民政府退役军人工作主管部门按照国家有关规定中止、降低或者取消其退役相关待遇，报国务院退役军人工作主管部门备案。（草案二次审议稿第七十八条第一款）

十四、有的部门、地方、社会公众、退役军人和现役军人建议，对军队离职休养军官、自主择业的军队转业干部等退役军人的安置和待遇保障予以明确。宪法和法律委员会经与退役军人事务部、军委政治工作部研究，考虑到上述退役军人的安置比较特殊，建议根据中央文件和现役军官法有关规定，增加衔接性规定：军官离职休养和军级以上职务军官退休后，按照国务院和中央军事委员会的有关规定安置管理。本法施行前已经按照自主择业方式安置的退役军人的待遇保障，按照国务院和中央军事委员会的有关规定执行。（草案二次审议稿第八十三条）

此外，还对草案作了一些文字修改。

草案二次审议稿已按上述意见作了修改，宪法和法律委员会建议提请本次常委会会议继续审议。

草案二次审议稿和以上汇报是否妥当，请审议。

全国人民代表大会宪法和法律委员会

2020 年 10 月 13 日

全国人民代表大会宪法和法律委员会关于《中华人民共和国退役军人保障法（草案）》审议结果的报告

全国人民代表大会常务委员会：

常委会第二十二次会议对退役军人保障法草案进行了二次审议。会后，法制工作委员会将草案二次审议稿印发中央有关部门、部分省级人大常委会征求意见；到河北、天津等地调研，进一步听取地方有关部门、退役军人服务机构、全国人大代表、退役军人和现役军人代表等的意见。宪法和法律委员会、法制工作委员会就草案中的主要问题与有关部门交换意见，共同研究。宪法和法律委员会于10月27日召开会议，根据常委会组成人员的审议意见和各方面意见，对草案进行了逐条审议。社会建设委员会、司法部、退役军人事务部、中央军委法制局、中央军委政治工作部的有关负责同志列席了会议。11月3日，宪法和法律委员会召开会议，再次进行了审议。宪法和法律委员会认为，为了加强退役军人保障工作，维护退役军人合法权益，制定本法是必要的，草案经过两次审议修改，已经比较成熟。同时，提出以下主要修改意见：

一、有的常委委员建议，贯彻习近平总书记重要讲话精神，在本法中对加强爱国主义教育、弘扬爱国主义精神和革命英雄主义精神作出明确规定。宪法和法律委员会经研究，建议规定：国家注重发挥退役军人在爱国主义教育和国防教育活动中的积极作用。机关、群团组织、企业事业单位和社会组织可以邀请退役军人协助开展爱国主义教育和国防教育。县级以上人民政府退役军人工作主管部门应当加强对退役军人先进事迹的宣传，通过制作公益广告、创作主题文艺作品等方式，弘扬爱国主义精神、革命英雄主义精神和退役军人敬业奉献精神。（草案三次审议稿第六十一条、第六十二条）

二、有的常委委员提出，企业事业单位裁减人员时，应当优先保障退役军人的劳动权益。宪法和法律委员会经研究认为，这是符合中央有关文件精神和劳动合同法有关规定的。建议增加规定：有关用人单位依法裁减人员时，应当优先留用接收安置的转业和安排工作的退役军人。（草案三次审议稿第二十六条第三款）

三、有的常委委员建议，退役军人保障工作应当体现拥军优属的优良传统。宪法和法律委员会经研究，建议规定：各级人民政府加强拥军优属工作，为军人和家属排忧解难。符合条件的军官和军士退出现役时，其配偶和子女可以按照国家有关规定随调随迁。（草案三次审议稿第二十九条第一款、第二款）

四、草案二次审议稿第三十六条第二款对军士和义务兵退役时免费参加职业教育、技能培训作了规定。有的常委委员提出，免费参加职业教育、技能培训的退役军人，不应限于退出现役的军士和义务兵。宪法和法律委员会经研究，建议规定：军人退出现役，安置地人民政府应当组织其免费参加职业教育、技能培训。（草案三次审议稿第三十六条第二款）

五、草案二次审议稿第四十七条对企业招用退役军人规定了享受有关税收优惠。有的常委委员、部门提出，招用退役军人依法享受税收优惠等政策的主体范围不应仅限于企业，还应包括事业单位、社会组织等用人单位。宪法和法律委员会经研究，建议将这一条修改为：用人单位招用退役军人符合国家规定的，依法享受税收优惠等政策。（草案三次审议稿第四十七条）

六、有的常委委员建议，明确退役军人工作主管部门对相关法律法规和政策措施落实情况的监督检查职责。宪法和法律委员会经研究，建议规定：县级以上人民政府退役军人工作主管部门“监督检查退役军人保障相关法律法规和政策措施落实情况”。（草案三次审议稿第七十一条）

此外，还对草案二次审议稿作了一些文字修改。

10 月 29 日，法制工作委员会召开会议，邀请部分全国人大代表、专家学者、退役军人工作主管部门和服务机构工作人员、退役军人和现役军人代表，就草案主要制度规范的可行性、出台时机、实施的社会效果和可能出现的问题等进行评估。与会人员普遍认为，制定退役军人保障法是贯彻落实党中央决策部署的重要举措，是依法维护退役军人合法权益的必然要求。适应新时代退役军人保障工作需要，制定一部基础性、系统性和综合性的退役军人保障法，正当其时。草案经过公开征求意见和多次审议修改，对各方面提出的意见作了正面、积极、合理的回应，已经比较成熟，建议尽快审议通过。法律颁布实施后，必将为退役军人合法权益提供有力法治保障。与会人员还对草案提出了一些具体修改意见，宪法和法律委员会进行了认真研究，对有的意见予以采纳。

草案三次审议稿已按上述意见作了修改，宪法和法律委员会建议提请本次常委会会议审议通过。

草案三次审议稿和以上报告是否妥当，请审议。

全国人民代表大会宪法和法律委员会
2020 年 11 月 10 日

全国人民代表大会宪法和法律委员会关于《中华人民共和国退役军人保障法（草案三次审议稿）》修改意见的报告

全国人民代表大会常务委员会：

本次常委会会议于11月10日下午对退役军人保障法（草案三次审议稿）进行了分组审议。普遍认为，草案已经比较成熟，建议进一步修改后，提请本次常委会会议表决通过。同时，有些常委会组成人员和列席会议的人员还提出了一些修改意见。宪法和法律委员会于11月10日晚上召开会议，逐条研究了常委会组成人员的审议意见，对草案进行了审议。社会建设委员会、司法部、退役军人事务部、军委法制局、军委政治工作部的有关负责同志列席了会议。宪法和法律委员会认为，草案是可行的，同时，提出以下修改意见：

一、草案三次审议稿第三十一条第二款对国家采取措施加强退役军人教育培训作了规定。有的常委委员、部门提出，加强教育培训的目的不应限于提高职业技能水平和综合职业素养，还包括提高思想政治水平。宪法和法律委员会经研究，建议将这一款修改为：国家采取措施加强对退役军人的教育培训，帮助退役军人完善知识结构，提高思想政治水平、职业技能水平和综合职业素养，提升就业创业能力。（草案建议表决稿第三十一条第二款）

二、草案三次审议稿第三十六条第二款对军人退出现役免费参加职业教育、技能培训作了规定。有的常委委员、部门提出，退役军人考试考核合格后，除了获得相应的学历证书、职业资格证书外，还可以获得职业技能等级证书。宪法和法律委员会经研究，建议将这一款修改为：军人退出现役，安置地人民政府应当根据就业需求组织其免费参加职业教育、技能培训，经考试考核合格的，发给相应的学历证书、职业资格证书或者职业技能等级证书并推荐就业。（草案建议表决稿第三十六条第二款）

三、有的常委委员提出，为更好弘扬英雄烈士精神，建议草案关于英雄烈士祭扫纪念活动的规定与英雄烈士保护法做好衔接。宪法和法律委员会经研究，建议将草案三次审议稿第六十四条第一款修改为：国家统筹规划烈士纪念设施建设，通过组织开展英雄烈士祭扫纪念活动等多种形式，弘扬英雄烈士精神。退役军人工作主管部门负责烈士纪念设施的修缮、保护和管理。（草案建议表决稿第六十四条第一款）

经与有关部门研究，建议将本法的施行时间确定为2021年1月1日。

此外，根据常委会组成人员的审议意见，还对草案三次审议稿作了个别文字修改。

草案建议表决稿已按上述意见作了修改，宪法和法律委员会建议本次常委会会议审议通过。

草案建议表决稿和以上报告是否妥当，请审议。

全国人民代表大会宪法和法律委员会

2020年11月11日